Mosaik

Claudia Graf

Gärtnern mit dem Mond

Mit Aussaatkalender
bis ins Jahr 2000

Illustrationen von Irmtrud Stier

Mosaik Verlag

VORWORT

Kein anderer Himmelskörper ist uns so nah wie der Mond: Er erhellt unsere Nächte, er rührt die Herzen der Liebenden, er hebt die Weltmeere und bewegt die Landmassen. Daß er noch viel mehr kann, will Ihnen dieses Buch zeigen. Auf seiner Wanderschaft durch den Kosmos bestimmt er nämlich auch das Wachstum der Bäume, Sträucher und Pflanzen! Er ist sozusagen ein großer runder Biogärtner, der keinen Wert legt auf chemische Hilfsmittel. Dieses Wissen um seine Wirkung auf die Pflanzen ist im Zeitalter von „Bio“ und „Öko“ brandaktuell und wichtig - neu ist es allerdings nicht: Bereits im 1. Jahrhundert nach Christus lehrte der griechische Philosoph Plutarch (45 n. Chr. – um 125 n. Chr.) seine Schüler, daß „der Mond mit seinem feuchten und fruchtbaren Licht günstig für die Vermehrung von Pflanzen“ sei. Und in den vielen alten Garten- und Landwirtschaftsbüchern, die ich während der Entstehung dieses Mondkalenders las, stieß ich immer wieder auf Pflanz- und Pflegehinweise, die sich auf den Mond beziehen. Viele dieser Tips und Anregungen werden Sie in diesem Buch wiederfinden. Und natürlich die genaue Anleitung, wie Sie bis ins Jahr 2000 mit Hilfe des Mondes erfolgreicher und ökologischer gärtnern können. Darüber hinaus befassen sich einige Seiten mit dem Mondeinfluß auf uns Menschen. So ist unser Kalendarium nicht nur ein Gärtner-Leitfaden, sondern auch einer für ein gesundes, erfülltes und glückliches Leben.

Claudia Graf

INHALT

Gärtnern mit dem Mond

Die meisten Wissenschaftler glauben noch immer nicht an den Einfluß des Mondes auf die Pflanzen. Doch ihnen gegenüber stehen alte wie junge Mondgärtner, die mit tollen Erfahrungen aufwarten können!

Vielleicht haben Sie in Ihrer Bekanntschaft einen betagten Landwirt? Dann fragen Sie ihn doch mal, nach welchen Regeln er sein Land beackert hat. Ganz bestimmt wird er Ihnen keine Pflanz- oder Erntetermine nach Monaten nennen. Sehr viel wahrscheinlicher wird er Ihnen von Neumond, Vollmond, zu- und abnehmendem Mond berichten. Diese Regeln kannte man bereits vor tausend Jahren. Sie wurden von Generation zu Generation weitergegeben – als fester Bestandteil des Wissens um einen erfolgreichen Ackerbau. Im Laufe dieses Jahrhunderts gerieten viele dieser uralten Erkenntnisse in Vergessenheit. Sie wurden als „Aberglaube“ belächelt, als Humbug abgetan. Denn: Es fehlten ja die wissenschaftlichen Beweise. Diese hat man heute noch immer nicht. Was man hat, sind die Erfahrungen von engagierten „Mondgärtnern“. Zu nennen ist an dieser Stelle sicherlich Maria Thun, eine Anhängerin der anthroposophischen Lehre Rudolf Steiners. Die Landwirtin aus Biedenkopf an der Lahn untersucht die Zusammenhänge zwischen Mond und Pflanzen seit einem halben Jahrhundert – und kann erstaunliche Ergebnisse und Ernteerträge vorweisen.

Man muß kein Astrologe sein ...

Ich selbst stieß aufs Mondgärtnern über die Astrologie. Immer wieder las ich in den Büchern vom Einfluß des Mondes auf die Menschen, Pflanzen und Tiere. Neben Voll- und Neumondstellung ist es vor allem die Mondwanderung durch den Tierkreis, die Auswirkungen auf die Pflanzen hat. Meine Neugierde war geweckt. Ich begann – anfangs von Freunden und Bekannten belächelt –, meinen Gemüse- und später auch meinen Ziergarten nach den Mondregeln zu bebauen. Die Ergebnisse waren erstaunlich. Und meine Freunde richten sich heute ebenfalls größtenteils nach dem jeweils herrschenden Mondeinfluß. Nun brauchen Sie aber kein Astrologe oder Astronom zu sein, um Ihr Stückchen Land in einen ebenso ertragreichen, blütenschweren „Mondgarten“ zu verwandeln. Auf den folgenden Seiten erfahren Sie, wie einfach es ist, sich die Magie des Mondes zunutze zu machen. Und vor allem, mit wieviel Spaß man bei der Sache ist. Schließlich lernt man dabei auch noch etwas über sich selbst!

Die Magie des Mondes

Für eine Wanderung durch den Tierkreis benötigt der Mond exakt 27 Tage, 7 Stunden, 43 Minuten und 12 Sekunden. Während dieser Reise – die Sonne braucht dafür ein ganzes Jahr – passiert der Erdtrabant die zwölf Tierkreiszeichen Widder, Stier, Zwillinge, Krebs, Löwe, Jungfrau, Waage, Skorpion, Schütze, Steinbock, Wassermann und Fische. Diese zwölf Zeichen ordneten die alten Astrologen den vier Elementen Feuer, Erde, Wasser und Luft zu und entwickelten damit auch gleich eine Art „Temperamentenlehre“:

- Widder, Löwe und Schütze sind Feuerzeichen = cholerisches, feuriges Temperament.

- Stier, Jungfrau und Steinbock sind Erdzeichen = melancholisches, bodenständiges Temperament.

- Zwillinge, Waage und Wassermann sind Luftzeichen = sanguinisches, luftiges und leichtes Temperament.

- Krebs, Skorpion und Fische sind Wasserzeichen = phlegmatisches, aufnehmendes Temperament.

Wenn Sie sich den Tierkreis als eine riesige Kreisebene am Himmel vorstellen, dann liegen die jeweiligen Vertreter eines Elementes im Winkel von 120 Grad zueinander – bilden also eine Art gleichschenkliges Dreieck (siehe Abbildung unten). In der Astrologie bezeichnet man diesen Winkel als Trigon, er gilt als ausgesprochen harmonisch.

Mit der Weiterentwicklung des Ackerbaus lernte der Mensch im Laufe der Jahrtausende, mehr und mehr Pflanzen zu kultivieren. Diese Vielzahl läßt sich ebenfalls in vier Gruppen unterteilen – und den oben beschriebenen Elementen zuordnen. Wir sprechen von:

- Fruchtpflanzen. Dazu gehören: Bohnen, Erbsen, Mais, Tomaten, Kürbisse, Zucchini, aber auch Obstbäume und Beerensträucher. Sie mögen es warm und sonnig, geerntet werden sie in der warmen Jahreszeit. Hier kommt das Element Feuer zum Tragen.

- Wurzelpflanzen, deren Fruchtbildung im Wurzelbereich, also in der Erde stattfindet. Dazu gehören: Radieschen, Rote Bete, Sellerie, Schwarzwurzeln, Möhre, Rettich, Kohlrübe, Zuckerrübe und auch Kartoffeln und Zwiebeln. Man ordnet sie dem Element Erde zu.

In der Astrologie denkt man sich den Tierkreis als eine riesige Kreisebene. Man teilt sie in zwölf gleichgroße Abschnitte von je 30 Grad und gibt diesen die Namen der Tierkreiszeichen. Jeweils drei Zeichen ordnet man dem gleichen Element zu. Sie stehen im Winkel von 120 Grad zueinander und bilden ein sogenanntes Trigon. So ergeben sich vier Kräfte-Trigone, die der Mond im etwa 9-Tages-Rhythmus aktiviert: Feuer (rot), Erde (grün), Wasser (blau) und Luft (gelb).

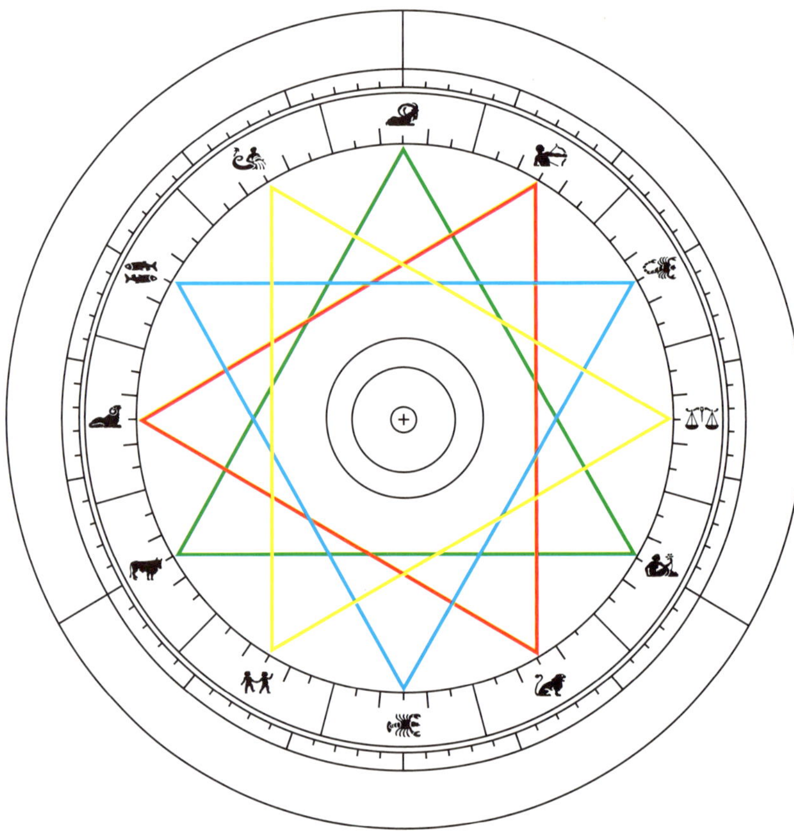

Wurzelpflanze Kartoffel. Sie ist ein typischer „Erd“-Vertreter, heisst sie in vielen Sprachen doch auch Erdapfel.

Blattpflanze Radicchio. Seine knackigen Blätter dürfen als „Farbtupfer“ in keinem gemischten Salat fehlen.

Blütenpflanze Ringelblume. Sie heilt von innen und von aussen: als Tee bei Gallenbeschwerden, als Umschlag bei Wunden.

Fruchtpflanze Tomate. Die knallroten Früchte sind – ganz klar – Vertreter des Feuer-Elements.

• Blütenpflanzen. Hierzu zählen alle Blumen, aber auch Lein, Raps und Sonnenblume, die im Bereich der Blüte fruchten. Blütenpflanzen ordnet man dem Element Luft zu.

• Blattpflanzen. Hier ernten wir die „Frucht" im Blattbereich – wie zum Beispiel bei allen Salatsorten, Kohlarten, bei Endivien, Spinat, Rapunzel, Petersilie, bei Blattkräutern wie Basilikum oder Rosmarin. Blattpflanzen werden dem Element Wasser zugeordnet.

Wann wirkt der Mond?

Tritt der Mond nun in ein Zeichen, sagen wir zum Beispiel in die Fische ein, aktiviert er das entsprechende Element – in unserem Beispiel also das Wasser. Das Pflanzen, Pflegen und Ernten von Blattpflanzen wird demnach günstig beeinflußt.

Zu Beginn fällt es schwer, sich die jeweils drei Vertreter eines Elementes zu merken. Deshalb haben wir im Kalendarium nicht nur das Zeichen angegeben, in dem der Mond sich zu dem entsprechenden Zeitpunkt befindet, sondern auch das Element, das er fördert.

Nun hat aber nicht nur der Lauf des Mondes durch den Tierkreis eine Wirkung. Wichtig sind für den Mondgärtner vor allem auch der Neumond, der zunehmende Mond, der Vollmond und der abnehmende Mond.

• Der Neumond: Sie wissen sicherlich, daß der Mond der Erde immer nur eine Seite zuwendet, die andere ist in ewiges Dunkel getaucht, weil sie von der Sonne nicht bestrahlt wird. Während seines fast 28tägigen Umlaufs steht der Mond von uns aus betrachtet einmal genau zwischen Erde und Sonne – er zeigt uns seine dunkle Seite; wir sehen also gar nichts von ihm. In alter Zeit hieß der Neumond deshalb „toter Mond". Am Neumondtag beginnt die Erde „einzuatmen", das heißt intensiv aufzunehmen. Wer nun kranke Pflanzen, Bäume oder Sträucher behandelt, kann damit rechnen, daß sie bald wieder gesund und kräftig werden.

• Der zunehmende Mond: Bereits wenige Stunden nach Neumond taucht am Himmel wieder eine schmale Sichel auf. Etwa sechs Tage braucht es bis zum Halbmond, am 13. Tag sehen wir den Mond dann wieder in seiner ganzen Pracht. Pflege bekommt den Pflanzen nun gut, jedoch sollten Sie bei zunehmendem Mond niemals düngen.

• Der Vollmond: Sensible Menschen warten Monat für Monat bang auf die Nacht des Vollmonds. Unruhig wälzen sie sich im Bett; Polizisten legen Sonderschichten ein, weil überdurchschnittlich viele Unfälle passieren; Hebammen wissen, daß am Vollmondtag mehr Kinder als sonst zur Welt kommen. Vollmondtage sind günstig fürs Sammeln von Heilkräutern, allerdings sollte man Bäume und Sträucher an Vollmondtagen nicht beschneiden. Ideal ist diese Mondstellung fürs Düngen.

• Der abnehmende Mond: Jetzt ist alles begünstigt, was in der Erde wirken soll. Wer es zeitlich nicht schafft, am Vollmondtag zu düngen, hat nun noch 13 Tage Zeit, das Düngematerial auszubringen. Jetzt ausgesätes oder gepflanztes Wurzelgemüse gedeiht wunderbar.

Neben diesen bekannten Mondphasen gibt es aber auch noch den sogenannten auf- und absteigenden Mond. Viele verwechseln das mit dem zu- und abnehmenden Mond. Damit hat es aber nichts zu tun. Der auf- und absteigende Mond bezeichnet vielmehr den Mondwechsel von der Tiefst- zur Höchststellung (aufsteigender Mond) und von der Höchst- zur Tiefststellung (absteigender Mond). Ver-

gleichbar damit ist die Sonne, die bis zur Sommersonnenwende immer höher steigt und dann bis zur Wintersonnenwende wieder abflacht. Wozu sie allerdings ein ganzes Jahr braucht, vollbringt der Mond allmonatlich. Die Tierkreiszeichen des aufsteigenden Mondes sind Schütze, Steinbock, Wassermann, Fische, Widder und Stier, die des absteigenden Mondes Zwillinge, Krebs, Löwe, Jungfrau, Waage und Skorpion. Durchwandert der Mond nun die absteigenden Zeichen, sprechen wir von einer günstigen Pflanzzeit. Das Symbol für den Höchststand und damit den nachfolgenden Beginn des Abstiegs ist ein Halbmond, dessen „Hörner" nach unten zeigen; den Tiefststand und nachfolgenden Beginn des Aufstiegs symbolisiert ein Halbmond, dessen „Hörner" nach oben schauen. Wir haben die Pflanzzeit – also etwa von Zwillinge bis einschließlich Skorpion – in unserem Kalendarium 1996 gekennzeichnet.
In dem Hauptkalendarium 1996 weisen wir Sie auch auf das Perigäum (PG) und das Apogäum (AG) hin. Bei ersterem handelt es sich um den Zeitpunkt der größten Erdnähe des Mondes, beim Apogäum um die größte Erdferne. Es ist ratsam, am Tage des Perigäums keine Gartenarbeiten zu verrichten, da es ein ungünstiger Tag ist. Ebenso ungünstig scheinen die sogenannten Knotentage zu sein. Damit bezeichnet man die Tage, an denen der Mond die Ekliptik (Himmelsbogen) auf- oder absteigend schneidet.

Im nachfolgenden Kasten sind die vielfältigen Symbole und Abkürzungen nochmals in Kurzform auf einen Blick aufgelistet, und auf Seite 127 finden Sie ein mit den Abkürzungen und Symbolen versehenes Lesezeichen, das Sie – ausgeschnitten – in die jeweils aktuellen Seiten des Kalendariums legen können. So sparen Sie sich mühevolles Zurückblättern, wenn Ihnen eine Abkürzung unklar ist.

Symbole und Abkürzungen

♈	Widder	♎	Waage
♉	Stier	♏	Skorpion
♊	Zwillinge	♐	Schütze
♋	Krebs	♑	Steinbock
♌	Löwe	♒	Wassermann
♍	Jungfrau	♓	Fische

●	Neumond
☽	Zunehmender Mond
○	Vollmond
☾	Abnehmender Mond
⌒	Mond-Höchststellung – Mond wird absteigend, günstige Pflanzzeit
◡	Mond-Tiefststellung – Mond wird aufsteigend, ungünstige Pflanzzeit
☊	Aufsteigender Knoten – negative Wirkung
☋	Absteigender Knoten – negative Wirkung
PG	Perigäum – Erdnähe, ungünstig
AG	Apogäum – Erdferne, neutral

Nun noch ein kurzes Wort zu den Angaben in unseren Kalendern: Wer sich ein bißchen mit Astronomie auskennt und die Sternbilder am Himmel identifizieren kann, wird feststellen, daß der „sichtbare" Stand des Mondes von dem in diesem Buch – wie auch in einigen anderen – angegebenen etwas abweicht. So sehen wir den Mond zum Beispiel noch vor dem Löwen stehen, während er sich laut Kalender bereits in der Jungfrau befindet. Dies trifft übrigens auch auf die Sonne und die anderen Planeten zu. Einige Autoren benennen in ihren Aussaatkalendern die „sichtbaren" Mondstellungen. Andere, wie ich auch, halten sich an die althergebrachte Art der Kalenderberechnung, die die Ekliptik (Himmelsbogen) von der Frühlings-Tag-und-Nacht-Gleiche (21. März) in zwölf gleichgroße Teile von jeweils 30 Grad einteilt, die wiederum die Namen der Tierkreiszeichen tragen. Diesen gedachte Kreis um die Erde kann man sich nun als eine Art gigantisches Zifferblatt vorstellen, auf dem Sonne und Mond „Stunden"- und „Minuten"-Zeiger sind: Die Sonne gibt als „Stunde" die Zeitquantität (= Jahreszeit) an, der Mond als „Minute" die Zeitqualität (= herrschender Kräfteimpuls). Wer tiefer in diese Materie einsteigen möchte, findet im Buchhandel eine große Auswahl an astronomischer und natürlich astrologischer Literatur. Ich gärtnere bereits seit Jahren nach dem astrologisch-astronomischen „Zifferblatt", das übrigens auch die Grundlage für viele landwirtschaftliche Kalender und Bauernkalender ist und nach dem alle Astrologen ihre Deutungen verfassen. Meine persönlichen Erfahrungen mit dieser Art der Betrachtung und des Mondgärtnerns sind großartig. Hinzufügen möchte ich außerdem, daß ich in diesem Kalender den Mondstand und den damit verbundenen Kraftimpuls auf jeweils Mitternacht bezogen und angegeben habe – so wie es die offiziellen Ephemeriden (Planetenstandstabellen) auch tun. Ich glaube daran, daß die Pflanzen – wie die Menschen ja auch – nachts im Schlaf die Kräfte sammeln, die sie für den nächsten Tag brauchen. So denke ich, sind die nachts wirksamen Impulse von größter Bedeutung. Wer am nächsten Morgen oder Vormittag diesen Kraftimpuls nutzt, dürfte – wie ich auch – wunderbare Erfolge bei seinen Zimmer-, Nutz- und Zierpflanzen erzielen.

Mond und Gartenarbeit

Wer auf dem Lande lebt, kann beobachten, daß manchen Bauern einfach alles gelingt, was sie anpacken. Zufall? Mitnichten. Sie folgen einfach den überlieferten „Mondweisheiten" ihrer Vorväter und übertragen die auf dem Feld gesammelten Erfahrungen auch auf den Garten. Natürlich ist dies nicht der einzige Weg zum Erfolg. Besonders im Garten kommt es auch auf das richtige Handwerkszeug an.
Es gibt eine Unmenge von Gartengeräten auf dem Markt. Tatsächlich benötigt man aber nur einige wenige, um seinen Garten zu bearbeiten. Die Grundausrüstung besteht aus Spaten, Doppelhacke, Zughacke, Kreil, Sauzahn, Gartenschere, Astring, Grabegabel, eventuell einer Schubkarre und einer Gießkanne. Wichtig beim Kauf der Werkzeuge ist, daß sie aus besten Materialien hergestellt sind. Nach dem Benutzen die Erde entfernen, Edelstahlteile eventuell mit einem geölten Lappen nachwischen. Die Geräte sollen an einem trockenen Platz aufbewahrt werden.

Das richtige Handwerkszeug

- Der Spaten. Der Spaten wird zum Umgraben sowie zum Pflanzen von Bäumen und Sträuchern benutzt. Tip: Je schwerer der Boden, um so kleiner der Spaten.
- Die Doppelhacke. Sie wird für das Lockern und Häckeln des Bodens verwendet. Die geschlossene Seite eignet sich hervorragend zum Ziehen von Saatreihen.
- Die Zughacke. Mit ihr schabt man Wildkräuter ab.
- Der Kreil. Der Kreil ist ideal zum Lockern und Ebnen von Saat- und/oder Pflanzbeeten.
- Der Sauzahn. Für den ökologischen Gärtner unerläßlich zum Lockern des Bodens zwischen den Pflanzreihen oder als Ersatz fürs Umspaten im Herbst. Tip: Bei einem guten Gartenboden ist Umspaten nicht sinnvoll, da dadurch die belebten oberen Mikroorganismen 10 bis 20 Zentimeter unter die Oberfläche befördert werden. Die winzigen Organismen haben er-

DER BESTE DÜNGER IST DER NATÜRLICH GEWACHSENE: KOMPOST FÜHRT DEM BODEN NEUE UND WERTVOLLE NÄHRSTOFFE ZU.

hebliche Mühe, wieder in die sauerstoffreichere obere Schicht zu gelangen, um dort ihre bodenbelebende Tätigkeit wiederaufzunehmen.

- Der Astring. Er sieht aus wie ein Fingerring mit einer kleinen spitzen Schneide. Man zieht ihn über den (Mittel)Finger und „reißt“ damit unerwünschte (Wild)Triebe von den (Obst)-Bäumen.
- Die Gartenschere. Möglichst die beste bzw. die schärfste kaufen. Immer wieder nachschleifen, um Schäden an den Ästen zu vermeiden, die zu Krankheiten führen können.
- Die Grabegabel. Sie hat viereckige Zinken in Form eines Spatenblattes. Mit ihr zerteilt man Erdklumpen, breitet Mist oder Kompost aus; sie dient auch zum Lüften des Rasens.
- Die Schubkarre. Beim Kauf der Schubkarre darauf achten, daß sie leicht und dennoch robust ist. Gummibereifung ist Voraussetzung, um Rasenflächen nicht zu beschädigen.

Mit diesen wenigen, aber effektiven, praktischen Hilfsmitteln ausgestattet, können Sie nun fast schon zur Tat schreiten. Hier nun noch einige wertvolle Tips und Tricks in Sachen:

Günstige Mondzeiten

- Kompost: Die günstigsten Tage, um einen Komposthaufen anzusetzen, sind die Jungfrau-Tage. Beachten Sie bitte, daß Sie keine von Schädlingen befallenen oder kranken Pflanzenteile auf den Kompost geben. Diese sollten Sie verbrennen.
- Schnecken: Sammeln Sie diese ewig hungrigen Plagegeister an Skorpion-Tagen auf. Verteilen Sie bei zunehmendem Mond kleingestampfte Eierschalen auf die Beete und Kaffeesatz rund um den Gemüsegarten.
- Stecklinge: Sie wachsen prächtig und kräftig an, wenn man sie bei abnehmendem Mond und an Jungfrau-Tagen steckt.
- Jungpflanzen: Pflanzen haben an ihren Wurzeln winzige Härchen, die beim Ein- oder Umpflanzen beschädigt werden. Mondtip: Bringen Sie die Pflänzchen gegen Abend in die Erde – aber niemals an Wassermann-Tagen. An jenen würden die Wurzeln im wahrsten Sinne des Wortes nicht „Fuß fassen“.
- Erntezeit: So wie wir von günstigen Pflanzzeiten sprechen (= absteigender Mond), können wir auch günstige Erntezeiten benennen. Obst und Gemüse bleiben länger frisch und knackig, wenn man in der Zeit des aufsteigenden Mondes, also zwischen Mond in Schütze und Zwillinge erntet.
- Einlagern: Auch das Einlagern und Haltbarmachen von Obst und Gemüse sollte in die Zeit des aufsteigenden Mondes fallen.
- Kräuter: Wenn Sie Kräuter für die lange Winterzeit trocknen wollen, so sollten Sie diese bei absteigendem Mond sammeln.

Die biologisch-dynamische Fruchtfolge

Wie Sie bereits wissen, lassen sich die Pflanzen in die vier „Gattungen“ Wurzel, Blüte, Blatt und Frucht einteilen. Jede „Gattung“ entzieht dem Boden während des Wachstums ähnliche Stoffe und führt ihm andere – aber wiederum ähnliche – zu. Um den Boden nicht auszulaugen und in seinem Nährstoffangebot im Gleichgewicht zu halten, ist es deshalb wichtig, pro Beet und Hauptkultur auf die sogenannte Fruchtfolge zu achten. Die biologisch-dynamische Fruchtfolge sieht den Anbau aller vier Gattungen im Vierjahres-Rhythmus vor.
Zum Beispiel: 1. Jahr Fruchtpflanzen, 2. Jahr Blütenpflanzen, 3. Jahr Blattgemüse, 4. Jahr Wurzelgemüse.
Ein praktisches Beispiel für eine Folge von Hauptkulturen:
1. Jahr Frucht: Gurken
2. Jahr Blüte: Majoran
3. Jahr Blatt: Rosenkohl
4. Jahr Wurzel: Sellerie

Früchte in Hülle und Fülle – darüber freuen sich besonders die „Feuertypen“. Zu welchem Typ gehören Sie?

Wo liegt Ihr „grüner Daumen“?

Sicherlich kennen auch Sie jemanden mit dem berühmten „grünen Daumen“. Das sind die Menschen, deren Pflanzen immer ein bißchen größer, schöner und gesünder sind als die der anderen. Der Grund ist meiner Ansicht nach nicht nur die besondere Liebe und Hingabe, mit der diese Pflanzenfreunde ihre grünen Zöglinge groß und kräftig hegen und pflegen. Vielmehr denke ich, daß sie sich sozusagen instinktiv mit der Pflanzengruppe befassen, die ihrem Mondtyp entspricht. Mondtyp? Damit meine ich die Elementegruppe, die dem Mondstand beim Zeitpunkt der Geburt entspricht. Ein Beispiel: Ich wurde am 31. Mai 1961 geboren. An diesem Tag stand der Mond im Feuerzeichen Schütze (Frucht). Schon als Kind liebte ich Obst, mein Leibgericht waren dicke Bohnen mit Apfelkompott. Als ich zu gärtnern begann, legte ich größten Wert auf Obst, Beeren und Hülsenfrüchte. Zufall? Heute finde ich in meinem Familien- und Freundeskreis immer wieder eine Verbindung zwischen Mondtyp und Vorliebe. Natürlich gibt es auch hier einige Ausnahmen. Sehen Sie selbst: Anhand der nachfolgenden Tabellen können Sie ganz schnell ausrechnen, welcher Mondtyp Sie sind. Vielleicht werden Sie danach ja ebenfalls erstaunt feststellen, daß Ihnen Ihr Geburtsmond einige Vorlieben mit in die Wiege gelegt hat – und damit auch den grünen Daumen für eine ganz bestimmte Pflanzengruppe!

<u>So wird's gemacht:</u>

- Suchen Sie in Tabelle 1 Ihre Jahreskennziffer.
- Suchen Sie in Tabelle 2 Ihre Monatskennziffer.
- Addieren Sie die beiden Zahlen.
- Zu dem Ergebnis addieren Sie nun die

Ziffer oder Zahl Ihres Geburtstages. (Beispiel: Sie haben am 7. März Geburtstag. Zählen Sie also 7 hinzu). Achtung: Wer in einem Schaltjahr geboren wurde (ein durch vier ohne Rest teilbarer Jahrgang wie etwa 1920), muß nochmals 1 dazuzählen.

- Ist die Summe 27 oder größer, brauchen Sie dann nur noch den größtmöglichen der folgenden Werte abziehen: 27 oder 55 oder 82. In Tabelle 3 finden Sie unter der Ergebniszahl das entsprechende Mondzeichen.

Berechnung des Tierkreiszeichens, in dem sich der Mond zum Zeitpunkt der Geburt befand:

Tabelle 1: Jahreskennziffern

1900: 20	1925: 26	1950: 4	1975: 10
1901: 3	1926: 8	1951: 13	1976: 20
1902: 13	1927: 17	1952: 24	1977: 3
1903: 22	1928: 0	1953: 7	1978: 12
1904: 4	1929: 12	1954: 17	1979: 23
1905: 16	1930: 21	1955: 26	1980: 5
1906: 26	1931: 3	1956: 10	1981: 16
1907: 8	1932: 13	1957: 20	1982: 25
1908: 17	1933: 25	1958: 2	1983: 8
1909: 1	1934: 7	1959: 12	1984: 18
1910: 11	1935: 16	1960: 23	1985: 1
1911: 20	1936: 26	1961: 6	1986: 11
1912: 3	1937: 10	1962: 15	1987: 21
1913: 14	1938: 20	1963: 25	1988: 4
1914: 24	1939: 2	1964: 8	1989: 14
1915: 6	1940: 12	1965: 19	1990: 24
1916: 16	1941: 23	1966: 1	1991: 7
1917: 0	1942: 5	1967: 11	1992: 17
1918: 10	1943: 14	1968: 21	1993: 27
1919: 19	1944: 25	1969: 4	1994: 9
1920: 1	1945: 9	1970: 13	1995: 20
1921: 13	1946: 18	1971: 24	1996: 2
1922: 23	1947: 0	1972: 7	1997: 13
1923: 5	1948: 11	1973: 17	1998: 22
1924: 14	1949: 22	1974: 26	1999: 5

Tabelle 2: Monatskennziffern

Januar:	0	Juli:	17
Februar:	4	August:	21
März:	4	September:	24
April:	8	Oktober:	27
Mai:	11	November:	3
Juni:	14	Dezember:	6

Tabelle 3: Zuordnung von Kennziffern zu Tierkreiszeichen

0, 1, 27, 28:	Widder	14, 15:	Waage
2, 3, 4:	Stier	16, 17:	Skorpion
5, 6:	Zwilling	18, 19:	Schütze
7, 8:	Krebs	20, 21, 22:	Steinbock
9, 10:	Löwe	23, 24:	Wassermann
11, 12, 13:	Jungfrau	25, 26:	Fische

Beispiel: Gesucht ist das Mondzeichen meines Sohnes, geboren am 30.9.1992.

Jahreskennziffer: 17
Monatskennziffer: 24
Geburtstag: 30
Summe: 71
Abziehbar: 55
Ergebnis: 16

Die Zahl 16 entspricht dem Mondstand Skorpion.

Hinweis: Diese Berechnungsart ist vereinfacht und läßt die genaue Geburtsstunde außer acht. Eine Abweichung um eine Position ist deshalb in einzelnen Fällen möglich. Wer Zweifel hat, kann anhand von Planetenstandstabellen seinen exakten Mondstand bestimmen.

Die Sonne symbolisiert im Horoskop eines Menschen die Persönlichkeit, also wie man auftritt, wie man wirkt, wie man die Dinge angeht. Sie steht im Grunde für die „männ-

Luftbetonte Menschen verwandeln ihre Balkone, Terrassen oder Gärten am liebsten in blühende, duftende Landschaften.

liche“ Seite in einem. Der Mond steht symbolisch für die „weibliche“ Seite. Das Zeichen, in dem er zum Zeitpunkt der Geburt stand, verrät etwas über die Gefühlswelt.

● Der Geburtsmond in dem Feuerzeichen Widder, Löwe oder Schütze. Ihr Motto: Ich will! Selbst wenn Sie laut Sonnenzeichen ein eher ruhiger Typ sind – zum Beispiel ein Stier oder ein Krebs –, so lodert in Ihnen doch ein leidenschaftliches Feuer! Sie strahlen auf ganz natürliche Art Autorität aus und werden von anderen oft um tatkräftige Hilfe und Unterstützung gebeten. Im Pflanzenreich dürften Sie sich den Fruchtpflanzen verbunden fühlen. Obst, Beeren- und Hülsenfrüchte gehören dazu. Aber natürlich auch Tomaten, Paprika, Auberginen, Zucchini, Kürbis, Mais, Melonen und Getreide. Es ist anzunehmen, daß besonders exotische Pflanzen zu Ihren Lieblingen gehören – oder in Ihrer Obhut besonders gut gedeihen!

● Der Geburtsmond im Erdzeichen Stier, Jungfrau oder Steinbock. Ihr Motto: Ich habe! Sie sind ein Mensch der ruhigen Gefühle, Sie wirken in sich gefestigt, wissen genau, wo Sie stehen. Von einem einmal gefaßten Standpunkt bringen Sie nur sehr starke Argumente ab. Man sucht gerne Ihre Nähe, da Sie Geborgenheit ausstrahlen. Besitz ist Ihnen wichtig – nicht um des Geldes selbst willen, sondern weil Sie damit eine gewisse Sicherheit verbinden. Als bodenständiger Charakter stehen Sie sicherlich dem Element Erde am nächsten – und damit den Wurzelpflanzen: Möhren, Zwiebeln, Radieschen, Knollensellerie, Kartoffeln, Knoblauch, Rote Bete dürften auf

Ihrem Speiseplan sehr häufig auftauchen. Und weil die Pflanzen ja bekanntlich Zuneigung spüren, hat die „Wurzelecke" in Ihrem Garten vielleicht auch den größten Ertrag.

• Der Geburtsmond im Luftzeichen Zwillinge, Waage oder Wassermann. Ihr Motto: Ich weiß! Sie gehören zu den Menschen, die von allem Neuen fasziniert und angezogen sind. Ihre Neugierde ist Legende und macht Sie zu einem begehrten Gesprächspartner. Wissen ist Macht – dieser Spruch muß einfach von einem Luftzeichen stammen. Sie gehen offen auf Ihre Mitmenschen zu, schenken gerne. Die Pflanzengruppe der Blumen steht Ihnen am besten zu Gesicht. Die Fröhlichkeit und die bunte Vielfalt paßt am ehesten zu Ihrem toleranten und optimistischen Gemüt. In meinem Bekanntenkreis hat sich gezeigt, daß die Luft-Licht-Vertreter zu den ersten gehören, die neue Blumenzüchtungen in ihrem Garten oder auf dem Balkon haben!

• Der Geburtsmond in dem Wasserzeichen Krebs, Skorpion oder Fische. Ihr Motto: Ich wünsche! Wer kennt nicht den Spruch „Stille Wasser sind tief"? Die Vertreter des Wassers sind nicht leicht zu durchschauen. Sie träumen gerne, sind romantisch und zeichnen sich durch eine reiche Phantasie und große Kreativität aus. Voller Hingabe widmen sie sich ihrer Familie, den Freunden und Bekannten. Hat jemand Sorgen, findet er bei Wasser-Vertretern stets ein offenes Ohr. Dem Wasser werden die Blattpflanzen zugeordnet. Dazu gehören alle Blattsalate, Kohlarten, Lauch und alle Blattkräuter.

Mond und Heilkräuter

In den dunklen Zeiten unserer Geschichte fristeten die Kräuterkundigen ein undankbares Dasein: Man fürchtete sie, man bezichtigte sie

WOHL DIE POPULÄRSTE HEILPFLANZE: DIE KAMILLE. MAN SAMMELT DIE BLÜTENKÖPFCHEN AM BESTEN AN EINEM SONNIGEN VOLLMONDTAG.

der Hexerei, man ging ihnen aus dem Weg und hielt sie allgemein für verrückt. Bei Neumond brodelten die seltsamsten Gemische auf ihren Kochstellen, ungute Gerüche entstiegen ihren Kaminen; bei Vollmond geisterten sie grabend und suchend als flinke Schatten durch den Wald. Und doch: Wurde jemand krank, schickte man nach ihnen. In der Not vertraute man ihrer Magie, die nichts anderes war als das Wissen um die Heilkraft der Pflanzen – und um die Rhythmen des Mondes!

Diese Mondrhythmen spielen auch in der Heilpflanzenkunde eine große Rolle. In den verschiedenen Mondphasen konzentrieren sich die Heilkräfte nämlich in unterschiedlichen Pflanzenteilen. Daß dieses Wissen weitgehend in Vergessenheit geraten ist, hängt wohl vor allem mit der Technisierung und dem „industriellen An- und Abbau" der Heilpflanzen zusammen. Welche modernen „Kräuterweiblein" (sprich Pharmakonzerne oder Arzneimittelhersteller) können oder wollen im Zeitalter der Arbeitszeitregelung und Massenproduktion schon darauf eingehen, daß bei Vollmond die größte Heilkraft in der Wurzel steckt, bei zunehmendem Mond dagegen in der Blüte?

Nun fragen Sie sich natürlich, ob die industriell hergestellten Kräutertees, Salben, Badezusätze etc. wirkungslos sind, da die Pflanzen zur womöglich völlig ungünstigen Zeit geerntet und verarbeitet wurden? Nun, selbst dann enthalten sie noch genügend Heilstoffe. Eine sehr viel größere und bessere Wirkung haben sie allerdings, wenn sie zur richtigen „Mondzeit" gesammelt werden. Und das heißt: in der richtigen Mondphase und am richtigen Mondtag.

Aus der nachfolgenden Tabelle können Sie auf einen Blick ersehen, wann Sie welche Pflanzenteile ernten sollten, um die größtmögliche Heilwirkung zu erhalten.

Die Haltbarmachung

Natürlich wirken die Heilpflanzen am besten, wenn man sie frisch geerntet verarbeitet und einsetzt. Jedoch sollte man auch an die lange Winterzeit denken, in der man ja bekanntlich anfälliger ist für die unterschiedlichsten Leiden. Die Regeln für das Trocknen, Haltbarmachen und Lagern: Die Pflanzenteile an einem warmen, eher schattigen und trockenen Platz auf Papier oder Holz ausbreiten, ab und zu wenden. Bei abnehmendem Mond abfüllen. Keine Metallgefäße verwenden. Am besten aufgehoben sind die Trockenpflanzen in dunklen Gläsern oder Papiertüten. Küchenkräuter bindet man zum Trocknen zu einem Strauß und hängt sie „kopfüber" an einen luftigen, keinesfalls feuchten Ort.

Die Zubereitung

Die Küchenkräuter werden frisch oder getrocknet den Speisen beigemischt. Dort entfalten

Pflanzenteil	Mondphase	Mondtag
Wurzel	Bei Vollmond, Neumond und abnehmendem Mond. Am besten im Frühjahr oder im Herbst. Vor Sonnenaufgang oder nach Sonnenuntergang.	Mond in Steinbock und Jungfrau
Blüte	Bei zunehmendem Mond und bei Vollmond. Um die frühe Mittagszeit, an Sonnentagen. Der Tau muß abgetrocknet sein.	Mond in Zwillinge, Waage und Wassermann
Blätter	Bei zunehmendem Mond. Man sammelt die Blätter junger Pflanzen. Die Blätter sollten taufrei sein.	Mond in Skorpion, Fische und Krebs
Früchte/ Samen	Bei zunehmendem Mond sammelt man reife Früchte und Samen, die man gleich verwendet. Bei abnehmendem Mond sammelt man jene, die man aufbewahren will. Nicht in der Mittagshitze ernten.	Mond in Schütze, Löwe und Widder

sie nicht nur ihre aromatische Würze, sondern auch ihre heilende Wirkung. Neben dieser „Direktanwendung“ sind der Tee, das Teil- oder Vollbad und der Wickel sicherlich die häufigsten Anwendungsmethoden im Hausgebrauch.

● Das Standardrezept für Heilpflanzentees: Etwa zwei gehäufte Teelöffel des trockenen oder frischen Heilkrauts mit einem viertel Liter siedendem Wasser übergießen und zugedeckt 10 Minuten ziehen lassen. Anschließend durch ein Sieb gießen. Über den Tag verteilt 3 Tassen Tee schluckweise und nicht zu warm zwischen den Mahlzeiten trinken. Tee läßt sich auch äußerlich gut anwenden: Hier kommt er als Mundwasser, Augenspülung und bei der Wundbehandlung zum Einsatz.

● Als Teilbad bezeichnet man das gezielte Bad eines bestimmten Körperteils (Armbad, Fußbad, Sitzbad). Pro benötigtem Liter Wasser veranschlagt man einen Eßlöffel Heilkräuter. Diese übergießt man zunächst mit kaltem Wasser und kocht das Ganze auf. 10 Minuten ziehen lassen, abseihen und die Flüssigkeit auf etwa 35 bis 40 Grad abkühlen lassen. Das erkrankte oder verletzte Körperteil 10 Minuten darin baden.

● Für ein Vollbad nimmt man im Vergleich zum Teilbad sehr viel weniger Kräuter. Mein eigenes Rezept: Ich koche aus dem entsprechenden Heilkraut einen sehr starken Tee, den ich mindestens zehn Minuten durchziehen lasse. Abseihen und den Tee dem einfließenden Badewasser beigeben. Die Wassertemperatur sollte 38 Grad nicht übersteigen. Badezeit: 15 Minuten.

● Die wunderbare Heilwirkung von warmen Wickeln kehrt heute wieder mehr und mehr ins Bewußtsein der Menschen zurück. Wickel sind einfach zu machen: Dafür tränkt man ein schmales, langes Tuch in heißem, starkem Tee, wringt es aus und legt es kurz zum Abkühlen ins Waschbecken. Mehrmals falten und auf die schmerzende oder zu behandelnde Körperpartie auflegen. Darüber kommt dann eine Wärmeflasche, oder man bedeckt oder umwickelt die Körperstelle mit einem zweiten, großen (Bade)Tuch. Zudecken und eine Stunde ruhig liegenbleiben. Nach dem Entfernen des Wickels nochmals ungefähr eine halbe Stunde ausruhen.

„Geheimwaffe“ Pflanze

Wann wirken Heilpflanzen am besten? Die größte Heilkraft auf das erkrankte Organ, Körperteil oder System entfalten die Pflanzen immer dann, wenn der Mond gerade in dem Zeichen steht, dem das entsprechende Organ etc. zugeordnet ist (siehe dazu Seiten 24 f.). Ein Beispiel zur Verdeutlichung: Kamillentee wirkt an Waage-Tagen besonders nieren- und blasenreinigend, an Jungfrau-Tagen beruhigend auf den Darm. Oder: An Stier-Tagen reagiert der Körper gut auf Heilpflanzen gegen Halsschmerzen, an Steinbock-Tagen auf Kräutermasken gegen Hautreizungen.

Die wichtigsten Heilpflanzen

Es gibt im Buchhandel etliche ausgezeichnete Werke über Heilpflanzen, ihre Wirkstoffe und Einsatzgebiete. Eine eingehende Besprechung aller Heilkräuter würde den Rahmen dieses Buches sprengen. Deshalb beschränke ich mich auf die wichtigsten, die im Hausgebrauch also am häufigsten angewendet werden und die man im eigenen Garten oder entlang der Spazierwege findet.

● Ackerschachtelhalm: Verwendet werden die Sommertriebe. Als Tee zubereitet, wirkt

Schachtelhalm gegen Katarrhe im Bereich der Niere und Blase, gegen Rheuma und Gicht, Husten und Erkältung.

• Baldrian: Verwendet wird die Wurzel. Zubereitungsart: Tee, Tinktur oder Badezusatz. Wirkt gegen nervöse Erregungszustände, Einschlafstörungen, nervös bedingte krampfartigen Schmerzen im Magen- und Darmbereich.

• Brennessel: Verwendet werden ihre Blätter und Wurzeln. Brennesseltee wirkt harntreibend sowie gegen Hautunreinheiten; er dient der Blutreinigung und lindert Beschwerden beim Wasserlassen.

• Goldrute: Verwendet wird vor allem die Blühregion dieser über fünfzig Zentimeter hohen Pflanze. Das Bundesgesundheitsamt empfiehlt Goldrutentee zur Erhöhung der Harnmenge bei Entzündungen der Blase und der Nieren. Wegen ihrer aktivierenden Wirkung hat man die Goldrute auch bei Rheuma und Gicht ausprobiert. Wichtig: Verwendet werden sollte nur die „echte" Goldrute, die gegen Ende des Sommers an Waldrändern, Böschungen, auf trockenen Wiesen und Waldlichtungen blüht. Gartengoldruten werden für die arzneiliche Verwendung nicht empfohlen.

• Kamille: Verwendet werden die getrockneten Blütenköpfchen. Kamillentee wirkt gegen Magen- und Darmbeschwerden, Unruhezustände und – als Wickel oder Auflage – gegen Wundsein.

• Lindenblüten: Verwendet werden die Blütenstände mit dem anhängenden Hochblatt. Als Tee wirken Lindenblüten hustenreizmildernd, gegen Katarrhe der Atemwege, gegen fieberhafte Erkältungskrankheiten.

• Löwenzahn: Verwendet werden die jungen Blätter. Diese ißt man roh als Salat, kleingeschnitten in Quark, Suppen oder Eintöpfen. Löwenzahn wirkt wassertreibend, blutreinigend, gegen Völlegefühl, Blähungen und Verdauungsbeschwerden. Löwenzahn ist reich an Vitaminen und Mineralien und eignet sich gut für eine Frühjahrs-Fitneß-Kur.

• Melisse: Verwendet werden die Blätter. Melissentee ist ein richtiges „Allheilmittel". Er wird eingesetzt bei Beschwerden im Magen- und Darmbereich, an Galle oder Leber, am Herzen, während der Menstruation, in den Wechseljahren und bei Erkältungskrankheiten.

• Pfefferminze: Verwendet werden die Blätter. Man kann sie roh essen oder als Tee zubereiten. Pfefferminze wirkt krampflösend (Magen und Darm), galletreibend sowie lindernd bei Blähungen.

• Ringelblume: Verwendet werden die Blütenblätter. Sehr wirksam sind Umschläge mit in Tee getränkten Tüchern gegen Hautentzündungen, Riß-, Quetsch- und Brandwunden, Verrenkungen, Zerrungen, Blutergüsse.

• Salbei: Verwendet werden die Blätter als Speisewürze oder als Tee. Salbei gebraucht man bei Magen- und Darmbeschwerden, bei Durchfällen, Leberleiden, Diabetes, Gallestauungen, Durchblutungsstörungen, als Abstillhilfe, gegen Erkältungen. Gurgeln mit dem Tee wirkt gegen Entzündungen des Zahnfleisches, des Halses und des Rachens.

• Thymian: Verwendet werden die Blätter. Der Tee wird eingesetzt bei Husten und Bronchialkatarrhen, bei Asthma und Staublunge, als Mittel gegen Reiz-, Krampf- und Keuchhusten, gegen Halskratzen. Den Teedampf inhaliert man bei Schnupfen und Stirnhöhlenkatarrhen.

Der Mond im täglichen Leben

Hausarbeiten, Reparaturen, Einkäufe oder Geschäftsbesprechungen – auch im täglichen Leben kann uns der Mond eine große Hilfe sein. Mehr noch: Er macht uns sogar Lust auf Liebe!

An manchen Tagen fällt mir das Verfassen eines Artikels sehr viel schwerer als an anderen. Dann drehe ich jeden Satz dreimal um, ehe er mir wirklich gefällt. Heute brauche ich erst gar nicht mehr auf meinen Mondkalender zu schauen, um zu wissen, daß ich mich an einem ungünstigen „Schreib-Tag" an die Arbeit gemacht habe. An einem Widder-Tag zum Beispiel, oder an einem Krebs-Tag. Der Mondeinfluß macht sich eben überall bemerkbar. Nicht nur im Pflanzenreich oder in Sachen Gesundheit und Wohlbefinden. Auch im täglichen Leben ist seine Wirkung mal positiv, mal negativ zu spüren.

Zu beachten sind zunächst wieder einmal die Mondphasen. Die Regeln: Die Tage des abnehmenden Mondes sind günstig für alle Hausarbeiten, die mit Putzen, Reinigen, Waschen zu tun haben. Im abnehmenden Mond gehen einem (körperliche) Arbeiten leichter von der Hand; Wäsche, Böden, Fenster, Möbel werden schneller sauber als an anderen Tagen. Auch Schönheitsreparaturen wie etwa Malerarbeiten gehören in die Zeit des abnehmenden Mondes. Und die Schönheitspflege? Probieren Sie's doch einfach mal aus: Bei abnehmendem Mond brauchen Sie weniger Creme als sonst. Masken ziehen schneller ein. Unreinheiten können schmerzloser entfernt werden, Narben bilden sich in dieser Zeit so gut wie nie! Der zunehmende Mond hingegen ist günstig für Planungen von Festen, Besprechungen oder Umbauten. Jetzt rentiert sich auch ein Großeinkauf, weil man gezielter und überlegter einkauft.

Richtig spannend wird es aber erst, wenn man auch den Mondlauf in seinen Alltag einbezieht. Jedem Zeichen, das er durchwandert, werden bestimmte Qualitäten zugeschrieben. Wer es schafft, auch nur einige wenige Dinge an den dafür prädestinierten Tagen zu erledigen, wird viel Zeit und Mühe sparen und obendrein erfolgreicher sein. Das wäre doch einen Versuch wert, oder?

- Mond in Widder: Günstig für Ausflüge, kulturelle Veranstaltungen, Diät, geschäftliche Verhandlungen, Friseurbesuche, Reisen, Sport, Wettkämpfe, Verkaufsgespräche.
- Mond in Stier: Günstig für Picknick im Grünen, Entspannungsübungen, Haushaltsplanung, Geldanlagen, Einkäufe, Hobbies.
- Mond in Zwillinge: Günstig für Theaterbesuche, Freundschaften, Kontakte allgemein, Schreiben, Ausbau von Geschäftsbeziehungen, Werbung, Konferenzen, Besprechungen, Lernen, Lesen, Parties, Kurzreisen, Studien, Gymnastik, Verkäufe.
- Mond in Krebs: Günstig für Familienangelegenheiten, Spaziergänge, Ausruhen, Friseurbesuche, Freunde bekochen, kunstgewerbliche Tätigkeiten.
- Mond in Löwe: Günstig für kreative Tätigkeiten, Studien, Musik hören, Feste, Opernbesuche, Familienbesuche, Friseurbesuche (besonders Schneiden!).
- Mond in Jungfrau: Günstig für Einkaufsplanung, Reiseplanung, Ausflüge, Diäten, Kuren, Geldangelegenheiten, Geschäftstreffen, Lernen, Behördengänge, Schreiben.
- Mond in Waage: Günstig für alle Unternehmungen, die Kreativität voraussetzen. Für kulturelle Veranstaltungen, Vorträge, Schönheitstage.
- Mond in Skorpion: Günstig für Meditationen, Werbetexte, geschäftliche Verhandlungen, Kauf von Kleidung.
- Mond in Schütze: Günstig für Reisen, Ausflüge, Aussprachen, Diskussionen, Rechtsangelegenheiten, Sport, Massagen.
- Mond in Steinbock: Günstig für Haut- und Körperpflege, kulturelle Veranstaltungen, Budget-Planung, Verträge, Geldanlagen, Immobilien, Haushaltsangelegenheiten, Planung jeder Art.

- Mond in Wassermann: Günstig für Bekanntschaften, Kontakte, Kommunikation, Entwicklung neuer Ideen, Kreativität, Parties, Reisen, Werbung.
- Mond in Fische: Günstig für Entspannungsübungen, Filme anschauen, Kreativität, Tanzen, Träumen, Besuche, Schwimmen.
- Und die Liebe? Besonders leidenschaftlich sind wir, wenn der Mond durch die Zeichen Widder, Löwe, Waage, Skorpion und Schütze wandert. Anlehnungsbedürftig und zärtlich macht uns der Mond im Krebs und in den Fischen.

Der Mond und unser Wohlbefinden

Hippokrates (um 460 v. Chr. – um 377 v. Chr.), der Urvater aller Ärzte, weihte seine Schüler nicht nur in die Heilkunst ein. Sein Wissen ging weit über das Medizinische hinaus – und beinhaltete auch die Kunst der Sterndeutung. So lehrte er: „Ein Arzt, der in der Sternenkunde unerfahren ist, gleicht einem Auge, welches keine Kraft zum Sehen hat." Heute erinnern sich mehr und mehr Heilpraktiker und auch Ärzte daran. Sie ziehen bei der Diagnose das Horoskop des Patienten zu Rate – und bei der Behandlung den Mondlauf.

Hier wird zunächst auf die Mondphasen geachtet: Neumond, zunehmender Mond, Vollmond und abnehmender Mond. Sie steigern bzw. dämpfen unser Wohlbefinden, machen uns für eine Therapie aufnahmefähig oder lassen sie (im Extremfall) scheitern. Wer nun die Rhythmen des Mondes und ihre Wirkungen kennt, kann ein glücklicheres, zufriedeneres und sehr gesundes Leben führen – im Einklang mit sich und der Natur.

- Topfit und voller Energie fühlen wir uns in der Phase des abnehmenden Mondes. Es ist ratsam, in diesen beiden Wochen all die Arbeiten zu erledigen, die Kraft und Energie benötigen. Bewegungstherapien schlagen jetzt gut an. Auch Wettkämpfe meistert man in der Zeit des abnehmenden Mondes mit sehr viel besseren Ergebnissen. Schlankheitskuren fallen an diesen Tagen viel leichter, die Pfunde purzeln schneller. Die einfach zu merkende Faustregel: Am schnellsten nimmt man ab, wenn der Mond es auch tut!

- In der Zeit des zunehmenden Mondes sammeln wir Kräfte, regenerieren wir uns. Was dem Körper jetzt zugeführt wird (Nahrung, Vitamine, Heilmittel), wirkt schneller und besser. Was natürlich auch bedeutet, daß Kalorien-Sünden sich jetzt an Bauch, Po und Hüften schneller festsetzen!

- Neumond und Vollmond sind die kritischsten Tage für chirurgische Eingriffe. Studien amerikanischer Ärzte belegen, daß an solchen Tagen stärkere Blutungen und Komplikationen eher auftreten als sonst. Viele Menschen reagieren (besonders auf den Vollmond) mit Schlafstörungen, Aggressionen oder leichten depressiven Verstimmungen. Neumondtage sind allerdings auch gute Starttage, wenn man schlechte Gewohnheiten aufgeben will. An Neumondtagen ist auch die Entgiftungsbereitschaft des Körpers am größten. Deshalb wirken Fastentage an Neumond besonders gut.

Die Tierkreiszeichen und unser Körper

Neben den Mondphasen hat auch der Mondlauf durch die Tierkreiszeichen Auswirkungen auf unser Wohlbefinden. Die Astromedizin ordnet jedem Tierkreiszeichen bestimmte Körperregionen und/oder Organe zu. Diese sind:

- Widder: Kopf, Augen, Gehirn, Sinnesorgane.
- Stier: Nacken, Zähne, Kiefer, Hals, Sprechorgane, Mandeln, Ohren.

RUNDUM GLÜCKLICH UND ZUFRIEDEN?
AUCH AUF UNSER WOHLBEFINDEN UND UNSERE INNERE ZUFRIEDENHEIT HAT DER MOND EINFLUSS.

- Zwillinge: Lunge, Bronchien, Schulterpartie, Arme und Hände, Drüsen.
- Krebs: Leber, Galle, Brustregion, Magen, Nerven.
- Löwe: Herz, Rücken, Zwerchfell, Blutkreislauf.
- Jungfrau: Milz, Bauchspeicheldrüse, obere Verdauungsorgane, Nerven.
- Waage: Nieren, Blase, Hüften.
- Skorpion: Geschlechtsorgane, Harnleiter, untere Verdauungsorgane.
- Schütze: Venen, Oberschenkel.
- Steinbock: Knochen allgemein, Gelenke, Haut, Knieregion.
- Wassermann: Unterschenkel, Venen, Waden.
- Fische: Füße, Zehen, Waden.

Die astromedizinischen Regeln sind leicht zu merken: Heilkräuter, Medikamente, Therapien, Bäder, Salben wirken auf die Körperregion besonders gut, die dem Zeichen entspricht, das der Mond gerade durchläuft. Äußerst anfällig ist sie aber gleichzeitig für Belastungen oder gesundheitsgefährdende Umstände (Zugluft, zu leichte Kleidung, Überanstrengung etc.). Ein Beispiel: Wer im Sommer die nasse Badekleidung nicht wechselt, ist an Jungfrau-Tagen sehr viel anfälliger für Verkühlungen im Nieren- oder Blasenbereich. Eine Ausnahme bilden chirurgische Eingriffe.

Wenn eine Operation ansteht und man auf den Termin Einfluß nehmen kann, dann sollte man diesen auf die Zeit des abnehmenden Mondes legen und darauf achten, daß der Mond dann nicht gerade in dem Zeichen steht, dem die betroffene Körperpartie zugeordnet ist.

Werfen Sie also auch in Sachen Gesundheit und Wohlbefinden einen Blick auf unser Kalendarium. Der Mond kann zwar in vielen Fällen den Gang zum Arzt nicht ersetzen – doch könnte er ihn in einigen sicherlich von vornherein überflüssig machen. Dann nämlich, wenn man im Einklang mit der Natur und dem Kosmos lebt.

Mondtyp und Düfte

„Der Duft ist ein mächtiger Zauberer, der uns über Tausende von Meilen hinwegträgt, über all die Jahre, die wir leben..." Dieser Ausspruch erscheint mir geheimnisvoll und treffend zugleich. Düfte bezaubern, verführen, wecken Erinnerungen an vergangene Tage. Aus der Aromatherapie wissen wir, daß Düfte aber noch viel mehr können: Sie wirken anregend oder entspannend, fördern das Wohlbefinden, die Konzentration und die Aufnahmefähigkeit. Sie können Schmerzen lindern oder einem helfen, neue Kraft zu tanken. Besonders dann, wenn man sich mit dem Duft umgibt, der am besten zu einem paßt. Auch hier ist der Mondstand zum Zeitpunkt der Geburt ein guter Ratgeber. Stark wirksam sind Düfte, wenn sie in Ölform in einem Duftlämpchen verdunstet werden. Doch auch die Potpourris leisten gute Dienste. Das Schöne an ihnen ist, daß man sie selbst herstellen kann, ganz nach Wunsch – und Mondtyp. Im vorigen Kapitel konnten Sie anhand der Tabellen errechnen, in welchem Zeichen der Mond bei Ihrer Geburt stand. Jedem Zeichen ordnet man mehrere Blüten, Gewürzpflanzen, Hölzer oder Kräuter zu, die am besten zu seinen Eigenschaften passen.

- Mond in Widder: Auf ihn wirken kraftvolle und frische Düfte stimulierend, zum Beispiel Pfefferminze, Rosmarin, Thymian, Nelken.
- Mond in Stier: Das Erdzeichen mag schwere, samtige Duftnoten. Dazu gehören Geranium, Jasmin und Mairosen.
- Mond in Zwillinge: Je klarer, je lieber. Melisse, Verbene, Lavendel, Iris, Magnolie.
- Mond in Krebs: Hier wird süß bevorzugt, zum Beispiel Maiglöckchen, Flieder, Veilchen, Lilie.
- Mond in Löwe: Luxuriöse Düfte unterstreichen die Persönlichkeit, zu ihnen zählen Oleander, Rose, Hibiskus.
- Mond in Jungfrau: Würzige und gleichzeitig klare Düfte regen den Jungfrau-Mond an. Dazu gehören Salbei, Lavendel, Fichtennadeln, Wiesenblumen.
- Mond in Waage: Weiche und süße Düfte passen am besten zu diesem musischen Luftzeichen. Das sind zum Beispiel Mairosen, Duftveilchen, Narzissen.
- Mond in Skorpion: Der passende Duft muß unergründlich sein. Das wären Oregano, Anemone, Thuja, Kornblume.
- Mond in Schütze: Sportlich und spritzig – das sind die beiden Eigenschaften des Schütze-Duftes. Hierher gehören Geranium, Rosmarin und Ringelblume.
- Mond in Steinbock: Holzige und herbe Düfte sollten im Steinbock-Potpourri nicht fehlen. Wie wäre es mit Wacholder, Latschenkiefer oder – als sinnlicher Ausgleich – Pfingstrose?
- Mond in Wassermann: Frisch und belebend sind die bevorzugten Wassermann-Düfte. Dazu zählen Pfirsich, Wildrose, Alpenveilchen.
- Mond in Fische: Einfühlsam und sinnlich präsentieren sich die Düfte, die zum Fische-Mond passen. Magnolie, Amaryllis, Muskatellersalbei.

Der Sommer geht – die Blüten bleiben. Getrocknet und aromatisiert bringen Potpourris die Sommerromantik zurück.

Und so stellt man ein Potpourri her

Sammeln Sie die Blüten, Kräuter, Samen oder Blätter, die Sie mögen. Achten Sie darauf, daß Sie vormittags sammeln, noch bevor die Sonne sehr hoch steht. Eventueller Tau sollte aber schon verdunstet sein. Die Potpourri-Zutaten trocknen Sie an einer luftigen, nicht vollsonnigen Stelle. Sind alle Blüten und Blätter trocken, geben Sie diese in ein Gefäß, das man schließen kann. Überträufeln Sie das Potpourri nun mit einigen Tropfen ätherischen Öls aus einer der Zutaten oder aus einer unserer Mond-Empfehlungen (erhältlich in Kaufhäusern, Drogerien etc.), und mischen Sie alles gut durch. Natürlich können Sie auch mehrere Öle mischen, doch sollten Sie vorher einige Tropfen in ein Schälchen geben und prüfen, ob Ihnen die Duftmischung gefällt. Schließen Sie das Gefäß, und lassen Sie das Potpourri etwa 14 Tage ruhen. Ab und zu sollten Sie die Mischung durchschütteln. Nach zwei Wochen können Sie das Potpourri in eine hübsche Schale geben. Wenn der Duft nach einigen Wochen nachläßt, erneut mit Öl beträufeln. Übrigens: Wenn man das Potpourri in kleine Säckchen füllt, kann man damit die Wäsche aromatisieren. Gut bewährt haben sich die Duftsäckchen auch als Lufterfrischer im Auto.

Mond und Kulinarisches

Ist Ihnen schon einmal aufgefallen, daß Sie sich an manchen Tagen nach dem Essen schlapp und schlaff gefühlt haben, an anderen aber topfit und voller Elan? Das kann viele Gründe haben. Einen davon haben Sie aber sicherlich noch nie in Betracht gezogen: daß Sie mal gegen, mal mit dem Mondlauf gegessen haben!

Es ist ganz einfach: Wie Sie bereits wissen, aktiviert der Mond während seiner 28tägigen Reise jeweils etwa zwei bis drei Tage lang ein bestimmtes Element. An „Feuertagen" (= Frucht: Widder, Löwe, Schütze) zum Beispiel sind wir aktiver als sonst, an „Wassertagen" (= Blatt: Krebs, Skorpion, Fische) zurückhaltender, ruhiger. Essen wir nun an einem Feuertag Paprikagemüse oder gefüllte Tomaten, so wirkt der Feuer-Frucht-Impuls auch von innen heraus anregend und paßt zu unserer Aktivität. Kohlgemüse würde an solch einem Tag unsere Stimmung wahrscheinlich drücken. Und der Magen vielleicht auch…

Was aber, wenn man mal zu aktiv und zu gestreßt ist? Wenn einem gute Einfälle fehlen? Wenn man niedergeschlagen ist? Oder wenn man den Boden unter den Füßen verloren glaubt? Gute Erfahrungen habe ich hier mit der Elementegruppe gemacht, die die Gegenstimmungen fördert:

- Wasser/Blatt wirkt besänftigend.
- Luft/Blüte fördert die Kreativität.
- Erde/Wurzel läßt uns auf den Boden der Tatsachen zurückkehren.

Interessant ist, daß ich irgendwann bemerkt habe, daß das Essen nach dem Mond in enger Beziehung zu der Farbpsychologie steht. So empfehlen Farbtherapeuten antriebsschwachen, unmotivierten Menschen Meditationen über roten Bildern, Rotlicht etc. Rot/Antrieb entspricht dem Mondimpuls Feuer/Frucht. Für mich nicht mehr erstaunlich: Die gängigsten Fruchtpflanzen sind rot – Erdbeeren, Kirschen, viele Apfelsorten, Himbeeren, Tomaten, roter Paprika. Wem es an Leichtigkeit fehlt, dem wird die Farbe Gelb empfohlen. Gelb entspricht dem Mondimpuls Luft/Blüte. Als Mondtherapie würde ich hier Ringelblumentee oder Goldrutentee empfehlen. Gestreßten, hektischen und übereifrigen Zeitgenossen legt die Farbenlehre die Farben Blau oder Grün nahe. Das entspricht den Impulsen Wasser/Blatt und Erde/Wurzel. Hierzu fallen mir Blaukraut, Salat und Kohlrabi ein.

An den jeweils herrschenden Kräftetagen gegessen, haben die Pflanzen (wie die Heilpflanzen auch) sicherlich nicht nur eine günstige Wirkung auf den Körper, sondern auch auf den Geist. Sie können von innen heraus mithelfen, ein Defizit aufzufüllen.

Kochen mit dem Mond? Und das auch noch nach Farben? Ernährungswissenschaftler lächeln sicherlich über meine „Erkenntnisse". Doch werfe ich bei der Wahl des Speiseplans seit langem stets einen Blick auf den Mondkalender. Weil nicht nur die Liebe, sondern auch das Wohlbefinden durch den Magen geht. Und hier gleich noch einige Lieblingsrezepte, die mal dem einen, mal dem anderen Element zugeordnet werden.

Zucchini mit Tomatenfüllung

Für vier Personen brauchen Sie:
4 kleine Zucchini, 250 g Zwiebeln, 250 g geschälte Tomaten, 3 geschälte Knoblauchzehen, 1 TL gehackter Rosmarin, 1 TL gehackter Thymian, 1 Lorbeerblatt, 2 EL Olivenöl, Salz, Pfeffer aus der Mühle, 50 g schwarze Oliven, 1 Ei, 6 EL Sahne, Butter für die Form.

So wird's gemacht:
1. Die Zucchini waschen, der Länge nach halbieren und mit einem Teelöffel aushöhlen.
2. Die Zwiebeln und das Zucchinifleisch in feine Scheiben, die geschälten Tomaten in Würfel schneiden. Mit den kleingehackten Knoblauchzehen, dem Rosmarin, dem Thymian und dem Lorbeerblatt 20 Minuten im Olivenöl dünsten. Würzen und erkalten lassen.
3. In der Zwischenzeit die Oliven hacken. Das Ei und die Sahne verquirlen und mit den gehackten Oliven unter die Masse mischen. Die Zucchini damit füllen und in einer gebutterten Auflaufform bei 180 Grad etwa 30 Minuten backen.

Zubereitungsdauer: etwa 1 Stunde.
Dieses Gericht schmeckt am besten mit frischem Weißbrot oder herzhaftem Bauernbrot.

Erbsen mit Kopfsalat

Für vier Personen brauchen Sie:
4 Schalotten, 50 g Butter, 1 Kopfsalat, 400 g grüne enthülste Erbsen, 1/2 TL gehackter Kerbel, Salz, Pfeffer aus der Mühle.

So wird's gemacht:
1. Die Schalotten schälen, vierteln und in 1 Eßlöffel Butter glasig werden lassen.
2. Den Kopfsalat gut waschen, abtropfen und in ganz feine Streifen schneiden. Zusammen mit den Erbsen und dem Kerbel 5 Minuten in 1 Eßlöffel Butter dünsten.
3. Die Erbsen mit den Schalotten mischen und den Zucker, 1 Eßlöffel Erbsensud und die restliche Butter hinzufügen. Mit Salz und Pfeffer würzen.
4. Sobald die Butter zerlaufen ist, das Gemüse als Beilage, zum Beispiel zu Lammfleisch, servieren.

Zubereitungsdauer: 30 Minuten.

Rosenkohlflan mit Champignon-Nuß-Sauce

Für vier Personen brauchen Sie:
260 g Rosenkohl, 50 ml Milch, 6 EL Sahne, 3 Eigelb, Salz, Pfeffer aus der Mühle, Butter für die Ringform.

Für die Sauce brauchen Sie:
30 g warme Butter, 30 g gemahlene Nüsse (Walnüsse, Haselnüsse oder Pinienkerne), 100 g Champignons, 2 feingehackte Schalotten, 1 EL Butter, 3 EL Weißwein, 100 g Sahne, 0,1 l Gemüsebrühe, Salz, schwarzer Pfeffer aus der Mühle, Cayennepfeffer, Kerbelblättchen zum Garnieren.

So wird's gemacht:
1. Für die Nußbutter die Butter mit den gemahlenen Nüssen zu einer Paste verarbeiten. In eine große Schüssel Eiswürfel füllen, die etwas kleinere Schüssel mit der Nußpaste hineinsetzen und in den Kühlschrank stellen.
2. Den Rosenkohl putzen, über Dampf oder in Salzwasser knapp garen und sofort in Eiswasser abschrecken. Abtropfen lassen und mit der Milch im Mixer pürieren. Die Sahne auf die Hälfte einkochen lassen. Etwas abkühlen lassen, dann mit den Eigelben gut verrühren und mit dem Rosenkohlpüree mischen. Mit Salz und Pfeffer abschmecken.
3. Einen Savarinring mit Butter ausstreichen. Die Masse einfüllen und im Wasserbad ca. 20 bis 25 Minuten bei 200 Grad garen.
4. Für die Sauce die Champignons putzen, in sehr kleine Würfel schneiden und mit den Schalotten in 1 Eßlöffel Butter dünsten. Den Wein zugießen, kurz kochen und durch ein Sieb gießen. Die Flüssigkeit mit der Sahne und der Gemüsebrühe einkochen, bis die Sauce leicht sämig wird. Die eiskalte Nußbutter unter die Sauce schlagen. Mit Salz, Pfeffer und Cayennepfeffer abschmecken.
5. Den Ring vorsichtig stürzen. Die Mitte mit den Champignons und der Nußmasse füllen. Mit Kerbelblättchen garnieren.

Zubereitungsdauer: etwa 50 Minuten.
Das Gericht eignet sich als leichtes Essen gleichermaßen wie auch als Vorspeise. Dazu reicht man einen trockenen Weißwein.

Möhren mit Wermutsauce

Für vier Personen brauchen Sie:
1 kg Möhren, 40 g Butter, 1 TL Zucker, 1/2 l Brühe, 2 EL trockener Wermut, 125 g Sahne, Salz, weißer Pfeffer aus der Mühle, 1 Prise Muskatnuß.

So wird's gemacht:
1. Die Möhren schälen, in dünne Scheibchen schneiden und in der Butter und im Zucker anziehen lassen. Mit der Brühe ablöschen und zugedeckt langsam in ca. 15 Minuten halbweich kochen.
2. Den Deckel wegnehmen und so lange kochen lassen, bis keine Flüssigkeit mehr vorhanden ist.

3. Den Wermut und die Sahne dazugießen, mit Salz, Pfeffer und Muskatnuß würzen und einkochen lassen, bis die Sauce sämig geworden ist.

Zubereitungsdauer: 40 Minuten.
Das Gericht ist eine wunderbare Beilage zu gebratenem Fleisch oder aber die Krönung einer Gemüseplatte!

Pfefferminzpfannkuchen

Für vier Personen brauchen Sie:
6 Eier, 3 EL Mehl, 4 EL Milch oder Sahne, Salz,
20 g frische Butter, 2 EL Butterschmalz,
12 Pfefferminzblätter.

So wird's gemacht:
1. Die Eier schaumig schlagen.
2. Das Mehl zugeben; rühren, bis ein glatter Teig entsteht.
3. Die Milch oder die Sahne zufügen. Mit Salz abschmecken. 1 Stunde ruhen lassen.
4. Die Butter schmelzen und unter den Teig rühren.
5. Die Pfefferminzblätter waschen, auf Küchenpapier trocknen und unter den Teig mischen.
6. Jeweils etwas Butterschmalz in einer Pfanne zerlassen und nach und nach vier Pfannkuchen backen. Die fertigen Pfannkuchen auf einem Teller über einem Topf mit schwach kochendem Wasser zugedeckt warmhalten.

Zubereitungsdauer ohne Ruhezeit des Teiges: 20 Minuten.
Die Pfannkuchen schmecken herrlich frisch und lassen sich mit Tomatensalat zu einem wunderbaren Sommergericht abrunden.

AUSSAATKALENDER 1996 – 2000

Nach all der Theorie nun endlich die Praxis: der Mond als Helfer im Garten. Bis ins nächste Jahrtausend hinein zeigt Ihnen unser Mondkalender auf, wann Sie welche Pflanzen erfolgreich säen und pflanzen, hegen und pflegen können.

Besonders großen Wert haben wir auf das Kalendarium 1996 gelegt – es ist ausführlicher als das der folgenden Jahre. Warum? Nun, vor allem deshalb, weil es sozusagen das „Übungsjahr“ für Mondgarten-Einsteiger ist. Jedem Monatskalendarium geht die Seite „Was ich diesen Monat anpacken kann“ voraus, die Sie auch in den folgenden Jahren sicherlich immer mal wieder durchlesen werden. Danach folgt die kalendarische Übersicht. Und wie's funktioniert, erklären wir am Beispiel vom Freitag, dem 5. Januar.

5	☾ in Krebs ♋	○
	AG: 03.35 / ○ 21.52 Uhr	
Fr	Blatt ↑	

In der ersten Querspalte finden Sie den Namen und das Symbol des Tierkreiszeichens, das an diesem Tag wirksam ist. Hier: Krebs. Die zweite Querspalte gibt Auskunft über die Mondposition mit Uhrzeit. In unserem Beispiel: Vollmond und Apogäum. Die dritte Spalte verrät Ihnen, welche Pflanzengruppe an diesem Tag unter besonders günstigem Mondeinfluß steht. Hier: Blattpflanzen. Zur besseren Übersicht wiederholt die rechte Hochkantspalte Mondstand bzw. Erscheinung.
Die günstigsten Pflanz- bzw. Saattage sind mit einem nach oben zeigenden Pfeil markiert, an den Erntetagen weist er nach unten.
Was ist nun aber zu tun, wenn – wie am 13. Januar – ein Knotentag, an dem ja eigentlich nicht gegärtnert werden sollte, in die Phase der günstigen Pflanz- bzw. Saattage fällt? In diesem Fall soll man die anstehenden Arbeiten um einen Tag verschieben, bzw. sich nur auf das unbedingt Notwendige beschränken.
Fällt allerdings – wie am 6. Mai – das im Aussaatkalender mit einem nach unten weisenden Pfeil ausgezeichnete Perigäum noch in die Phase der günstigen Pflanz- bzw. Saattage, so

6	☾ in Schütze ♐	
	PG: 22.35 Uhr ↓	
Mo	Frucht ↑	

darf keine Gartenarbeit verrichtet werden. An diesem Tag ist der Mond der Erde so nah, daß er einen sehr starken Einfluß auf die Pflanzen ausübt – sie sollten dann unbedingt sich selbst überlassen und nicht zusätzlich gestört werden.

In der folgenden Tabelle finden Sie nochmals alle Symbole und ihre Erklärungen auf einen Blick.

Symbol	Zeichen	Element	Einfluß
♈	Widder	Feuer	Frucht
♉	Stier	Erde	Wurzel
♊	Zwillinge	Luft	Blüte
♋	Krebs	Wasser	Blatt
♌	Löwe	Feuer	Frucht
♍	Jungfrau	Erde	Wurzel
♎	Waage	Luft	Blüte
♏	Skorpion	Wasser	Blatt
♐	Schütze	Feuer	Frucht
♑	Steinbock	Erde	Wurzel
♒	Wassermann	Luft	Blüte
♓	Fische	Wasser	Blatt

Symbol	Mondposition	Wirkung
○	Vollmond	Düngetag
●	Neumond	Pflegetag
☾	Abnehmender Mond	Düngetage
☽	Zunehmender Mond	Pflegetage
⌒/↑	Absteigender Mond	Pflanzzeit/ Aussaatzeit
◡/↓	Aufsteigender Mond	Erntezeit
AG	Apogäum	eher neutral
PG	Perigäum	Ruhetag!
☊	Aufsteigender Knoten	Ruhetag!
☋	Absteigender Knoten	Ruhetag!

JANUAR

Auch wenn draußen bisher nur ein paar ganz vorwitzige Schneeglöckchen die Köpfe aus dem Schnee strecken: Drinnen im Haus können Sie jetzt schon die Gartensaison eröffnen!

Auf den Fensterbänken wachsen wunderbar leckere Keimsprossen wie Kresse, Rettich und Alfalfa heran. Auch Tomaten-, Gurken- und Paprika-Aussaaten fühlen sich auf dem Fensterbrett über der Heizung pudelwohl!

Was ich diesen Monat anpacken kann

- Wollen Sie das eine oder andere Beet neu gestalten, andere Gemüsesorten ausprobieren? Die ruhige Zeit ist nun günstig, um sich in Gartenkatalogen und in Gartencentern über Neuheiten eingehend zu informieren.

- Überprüfen Sie Ihre Gartengeräte. Wenn nötig reinigen und pflegen. Fehlende Geräte jetzt in Ruhe auswählen und kaufen.

- Liegt viel Schnee, sollten Sie diesen Ballast vorsichtig von Hecken, Stauden und Ästen schütteln.

- Steingartenpflanzen und einige Grasarten, Iris, Eisenhut, Primel, Enzian und Tränendes Herz gehören zu den Kaltkeimern. Läßt es die Witterung zu, kann man sie nun an Ort und Stelle aussäen. Ist es sehr frostig, gehören allerdings auch sie besser ins Frühbeet.

- Lust auf Gemüse? Mangold, Kohlrabi, Winterkopfsalat, Radieschen, Spinat, Feldsalat und Winterportulak können nun auch schon ins Frühbeet gesät werden. Schneller sprießen Ihre Zöglinge natürlich im beheizten und hellen Gewächshaus.

- Vergessen Sie die Knollen und Zwiebeln nicht, die Sie wintersicher gelagert haben: Dahlien und Indisches Blumenrohr sollten leicht feucht gehalten werden. Trocken mögen's dagegen Gladiolen und Knollenbegonien.

- Weniger ist mehr: Balkon- und Kübelpflanzen brauchen in ihrem Winterlager zwar auch Wasser, aber sehr viel weniger als normal! Gießen Sie regelmäßig, etwa alle acht bis vierzehn Tage. Wichtig ist auch, ihr Winterquartier ab und an zu lüften.

- Wer Pfirsich- und/oder Aprikosenbäumchen im Garten hat, sollte diese vor zu hartem Frost schützen. Bewährt haben sich Reisigabdeckungen, aber auch Jutesäcke.

- Denken Sie jetzt auch an die Tierwelt in Ihrem Gartenteich: Bevor das Wasser gefriert, sollten Sie einige Schilfrohre bündeln und vom Ufer aus in den Teich tauchen. Damit sichern Sie die Sauerstoffzufuhr für die Kleinstlebewesen.

Januar 1996

1	Mo	☾ in Stier ♉	Wurzel	
2	Di	☾ in Stier ♉	Wurzel	
3	Mi	☾ in Zwillinge ♊	Blüte	
4	Do	☾ in Zwillinge ♊ ◠ 04.05 Uhr	Blüte ↑	◠
5	Fr	☾ in Krebs ♋ AG: 03.35 / ○ 21.52 Uhr	Blatt ↑	○
6	Sa	☾ in Krebs ♋	Blatt ↑	
7	So	☾ in Krebs ♋	Blatt ↑	
8	Mo	☾ in Löwe ♌	Frucht ↑	
9	Di	☾ in Löwe ♌	Frucht ↑	
10	Mi	☾ in Jungfrau ♍	Wurzel ↑	
11	Do	☾ in Jungfrau ♍	Wurzel ↑	
12	Fr	☾ in Jungfrau ♍	Wurzel ↑	
13	Sa	☾ in Waage ♎ ☊ 19.15 Uhr / ☾	Blüte ↑	☾ ☊
14	So	☾ in Waage ♎	Blüte ↑	
15	Mo	☾ in Skorpion ♏	Blatt ↑	
16	Di	☾ in Skorpion ♏	Blatt ↑	
17	Mi	☾ in Schütze ♐	Frucht ↑	

BAUERNREGELN:

Neujahrsnacht hell und klar,
deutet auf ein gutes Jahr.

Soviel Tropfen im Januar,
soviel Schnee im Mai.

Sehr gute Erfahrungen habe ich beim Anziehen von Pflanzen mit Joghurtbechern gemacht:
Man sticht einige Löcher in den Boden und erhält auf diese Weise wiederverwendbare Anzuchttöpfe.

18	Do	☾ in Schütze ◡ 06.40 Uhr	Frucht	◡
19	Fr	☾ in Steinbock	Wurzel	
20	Sa	☾ in Steinbock PG: 00.05 / ● 13.52 Uhr	Wurzel ↓	●
21	So	☾ in Wassermann	Blüte	
22	Mo	☾ in Wassermann	Blüte	
23	Di	☾ in Fische	Blatt	
24	Mi	☾ in Fische	Blatt	
25	Do	☾ in Widder	Frucht	

26	Fr	☾ in Widder ☋ 05.11 Uhr	Frucht	☋
27	Sa	☾ in Stier ☽	Wurzel	☽
28	So	☾ in Stier	Wurzel	
29	Mo	☾ in Stier	Wurzel	
30	Di	☾ in Zwillinge	Blüte	
31	Mi	☾ in Zwillinge ◠ 12.00 Uhr	Blüte ↑	◠

Persönliche Notizen

„Ahme den Gang der Natur nach. Ihr Geheimnis ist Geduld."

(EMERSON)

und Beobachtungen

FEBRUAR

Vorsicht: Der Februar ist der Monat mit den größten Temperaturschwankungen! So manch „warmer" Sonnentag verführt zu Gartenarbeiten, die man beim nächsten Frosteinbruch bitter bereut. Grundsätzlich gilt: Erst bei einer Bodentemperatur von 5 Grad sollte mit der Bodenbearbeitung begonnen werden.

Und eine alte Regel sagt:
Erst wenn keine Erde mehr an den Stiefeln kleben bleibt,
darf man im Garten tätig werden!

Was ich diesen Monat anpacken kann

- Wer Obstbäume beschnitten hat, sollte größere Schnittstellen mit Baumwachspräparaten bestreichen. Damit verhindert man das Eindringen von Bakterien und Pilzen.

- Warme Mistbeete sind ideale Frühbeete. So wird's gemacht: Heben Sie eine Grube von etwa 60 cm Tiefe aus. Verteilen Sie auf dem Boden eine dünne Laubschicht. Darauf packen Sie eine etwa 40 cm dicke Schicht aus frischem Pferdemist, leicht antreten. Nun wird die Grube (am besten) mit Fensterglas abgedeckt, einige Tage ruhen lassen. Danach die Mistpackung kräftig festtreten und wiederum mit einer dünnen Laubschicht bedecken. Die Pflanzenerde darauf 15 cm hoch ausbringen, die Grube nochmals für etwa fünf Tage verschließen. Danach kann gesät oder gepflanzt werden. Wichtig: Bis zu einer sicheren milden Witterung müssen die Fenster abends zusätzlich abgedeckt werden. Dafür eignen sich Bretter oder Strohmatten. An warmen Sonnentagen sollte das Beet um die Mittagszeit gelüftet werden.

- Balkonpflanzen sind nun dankbar für einen Rückschnitt. Die Zeit ist auch günstig, um Zimmerpflanzen umzutopfen; ebenso ist die Anzucht nun leichter.

- Falls der Boden schon trocken ist, läßt sich nun Kompost ausbringen. Als Gründünger kann man Dicke oder Ackerbohnen säen.

- Radieschen und Rettiche dürfen jetzt schon ins Beet gesät werden. Allerdings gilt auch hier: Nur dann, wenn der Boden schon genügend abgetrocknet ist. Tip: Die Aussaat vorsichtshalber mit Folie bedecken.

- Denken Sie bei der Planung Ihres Gemüsebeetes daran, daß sich manche Pflanzen im wahrsten Sinne des Wortes nicht riechen können! Niemals nebeneinander pflanzen dürfen Sie: Tomaten und Erbsen, Kartoffeln und Tomaten, Erbsen und Bohnen, Tomaten und Gurken, Kohl und Zwiebeln, Petersilie und Salat, Fenchel und Bohnen, Knoblauch und Kohl, Kürbis und Kartoffeln, Radieschen und Gurken. Als eine Art „Pufferpflanze" zwischen zwei schlechten Nachbarn bietet sich Mangold an. Aber auch Salat ist sehr wirksam.

- Auf der Fensterbank oder in einem hellen und warmen Kellerraum werden nun die frühen Sommerblumen ausgesät.

- Herrscht konstant milde Witterung, dürfen Sie nun auch Rosen, die den Winter ohne Schutz verbracht haben, zurückschneiden. Je stärker sie eingekürzt werden, um so kräftiger ist der „Nachwuchs". Es sollten aber drei bis vier Augen stehenbleiben.

- Apropos Rosen: Ihr bester Nachbar ist der Lavendel. Gegenseitig halten sie sich Schädlinge vom Leib.

Februar 1996

Tag	Wochentag	Mondstand	Hinweis	Pflanzenteil		Mondphase
1	Do	☾ in Krebs	AG: 16.35 Uhr	Blatt	↑	
2	Fr	☾ in Krebs		Blatt	↑	
3	Sa	☾ in Krebs		Blatt	↑	
4	So	☾ in Löwe	○ 16.59 Uhr	Frucht	↑	○
5	Mo	☾ in Löwe		Frucht	↑	
6	Di	☾ in Jungfrau		Wurzel	↑	
7	Mi	☾ in Jungfrau		Wurzel	↑	
8	Do	☾ in Jungfrau		Wurzel	↑	
9	Fr	☾ in Waage	☊ 19.45 Uhr	Blüte	↑	☊
10	Sa	☾ in Waage		Blüte	↑	
11	So	☾ in Skorpion		Blatt	↑	
12	Mo	☾ in Skorpion	☾	Blatt	↑	☾
13	Di	☾ in Schütze		Frucht	↑	
14	Mi	☾ in Schütze	◡ 16.25 Uhr	Frucht		◡
15	Do	☾ in in Steinbock		Wurzel		
16	Fr	☾ in in Steinbock		Wurzel		
17	Sa	☾ in Steinbock	PG: 9.40 Uhr	Wurzel	↓	

BAUERNREGELN:

Gibt's an Lichtmeß Sonnenschein,
so wird's ein spätes Frühjahr sein.

Alle Monate im Jahr
brauchen nassen Februar.

Mond-Tip:

Den Winterschnitt an Bäumen nimmt man am besten bei absteigendem Mond vor. Zum Auslichten bietet sich der Mondstand Löwe an.

18	in Wassermann	●
	● 00.31 Uhr	
So	Blüte	
19	in Wassermann	
Mo	Blüte	
20	in Fische	
Di	Blatt	
21	in Fische	
Mi	Blatt	
22	in Widder	☊
	☊ 10.17 Uhr	
Do	Frucht	
23	in Widder	
Fr	Frucht	
24	in Stier	
Sa	Wurzel	
25	in Stier	
So	Wurzel	

26	in Zwillinge	☽
	☽	
Mo	Blüte	
27	in Zwillinge	
	19.35 Uhr	
Di	Blüte ↑	
28	in Zwillinge	
Mi	Blüte ↑	
29	in Krebs	
	AG: 08.10 Uhr	
Do	Blatt ↑	

Persönliche Notizen

Nach Wahrheit forschen, Schönheit lieben,
Gutes wollen, das Beste tun – das
ist die Bestimmung des Menschen.

(Moses Mendelssohn)

und Beobachtungen

März

Endlich: Die Tage werden wieder länger, heller, die Sonne weckt in uns Frühlingsgefühle. Und nicht nur in uns. Auch die Natur erwacht jetzt und verwöhnt uns mit prächtig blühenden Osterglocken, Primeln, Hyazinthen und Märzenbechern. Klar, daß man nun Lust bekommt, den Garten auf Vordermann zu bringen. Legen Sie los: Säen und pflanzen Sie nach Herzenslust!

Was ich diesen Monat anpacken kann

- Entfernen Sie abgestorbene Pflanzenteile, Blätter und Mulch von den Beeten, damit Luft und Wärme in den Boden dringen können.

- Unkraut jäten – daran kommt leider kein Gärtner vorbei. Am wirkungsvollsten jäten Sie an Steinbocktagen. Beachten Sie aber bitte, daß Sie keine Nutzpflanzen verletzen, denn sie würden sofort eingehen.

- Sieben Sie jetzt den Kompost durch, und setzen Sie ihn mit dem über den Winter angesammelten Material neu auf. Kompost kann dann ins Beet, wenn er fein und krümelig ist.

- Noch immer ist die Zeit günstig, um Zimmerpflanzen in größere Töpfe umzutopfen. Balkon- und Kübelpflanzen werden ausgeputzt und zurückgeschnitten.

- Mit den steigenden Temperaturen dürfen Sie nun wieder wie üblich gießen.

- Haben Sie Rasen? Er dankt es Ihnen nun, wenn Sie Blätter und abgestorbene Teile entfernen und ihn mit einem scharfen Rechen vertikutieren. Das ist eine Art „Aufreißen", damit Sauerstoff (und eventuell Dünger) in den Boden dringen kann.

- Lieben Sie Obst? Dann sollten Sie nun die Bäumchen und Hecken Ihrer Wahl pflanzen. Besonders Himbeeren, Brombeeren, Aprikosen, Kiwis, Quitten, Nektarinen, Feigen und Weintrauben mögen es, im Frühjahr gepflanzt zu werden.

- Wer bereits Obstbäume besitzt, sollte jetzt noch, vor dem Austreiben, zurückschneiden. Nun ist auch noch die Stecklingsvermehrung von Johannisbeer- und Stachelbeersträuchern möglich. Nehmen Sie diese Arbeiten bei abnehmendem Mond und an Fruchttagen vor!

- Schützen Sie Ihre Nutzsträucher vor Schädlingen. Besonders bewährt haben sich Spritzungen mit Rainfarntee (wirkt gegen Erdbeermilbe und Gallmilbe).

- Noch einige biologische Schädlingsbekämpfungsmittel: Brennesselauszug hilft gegen Blattläuse, Holunderauszug gegen Erdflöhe. Und so wird ein Auszug hergestellt: Zwei große Handvoll frischer Pflanzenteile vor Vollmond in 10 Liter kaltem Wasser ansetzen, einen Tag stehenlassen und anschließend abgießen. Den Auszug immer nur auf die Erde um den Stamm der befallenen Pflanze geben!

- Schnecken – eine immer größer werdende Plage. Wer keine Frösche oder Igel im Garten hat, kann folgendes Rezept ausprobieren: Die Schalen roher Eier sammeln und bei abnehmendem Mond kleinstampfen. Verteilen Sie die Brösel bei zunehmendem Mond auf die Beete. Vorher aber alle umherkriechenden Schnecken aufsammeln (an Skorpiontagen!). Auch wirksam: Kaffeesatz rund ums Beet verteilen.

- Kräuter, die jetzt ins Freiland gesät werden dürfen: Majoran, Thymian, Lavendel, Petersilie, Schnittlauch, Weinraute, Dill, Kerbel.

- Gemüse, das jetzt ins Freiland gesät werden darf: Dicke Bohnen, frühe Möhren, früher Blumenkohl, Spinat, Radieschen, Sellerie, Kresse, Steckzwiebeln, Tomaten, Kohlrabi, Knoblauch.

- Blumen, die jetzt ins Freiland gesät werden dürfen: Mohn, Schleierkraut, Kornblumen, Wicken, Schleifenblume, Ringelblume.

März 1996

1	Fr	☾ in Krebs ♋		Blatt ↑	
2	Sa	☾ in Löwe ♌		Frucht ↑	
3	So	☾ in Löwe ♌		Frucht ↑	
4	Mo	☾ in Löwe ♌		Frucht ↑	
5	Di	☾ in Jungfrau ♍	○ 10.24 Uhr	Wurzel ↑	○
6	Mi	☾ in Jungfrau ♍		Wurzel ↑	
7	Do	☾ in Waage ♎	☊ 22.50 Uhr	Blüte ↑	☊
8	Fr	☾ in Waage ♎		Blüte ↑	
9	Sa	☾ in Skorpion ♏		Blatt ↑	
10	So	☾ in Skorpion ♏		Blatt ↑	
11	Mo	☾ in Skorpion ♏		Blatt ↑	
12	Di	☾ in Schütze ♐	◡ 23.10 Uhr / ☾	Frucht	◡ ☾
13	Mi	☾ in Schütze ♐		Frucht	
14	Do	☾ in Steinbock ♑		Wurzel	
15	Fr	☾ in Steinbock ♑		Wurzel	
16	Sa	☾ in Wassermann ♒	PG: 06.35 Uhr	Blüte ↓	
17	So	☾ in Wassermann ♒		Blüte	

Bauernregeln:

Ist Marien schön und hell,
gibt's viel Obst auf alle Fäll'.

Ein grüner März
erfreut kein Bauernherz!

Mond-Tip: *Unbedingt vermeiden sollte man das Düngen bei zunehmendem Mond. Die beste Düngezeit ist bei Vollmond und bei abnehmendem Mond. Das gilt sowohl für den Nutzgarten wie auch für Blumen und Zimmerpflanzen.*

18	Mo	☾ in Fische	Blatt	
19	Di	☾ in Fische ● 23.46 Uhr	Blatt	●
20	Mi	☾ in Widder ☋ 18.59 Uhr	Frucht	☋
21	Do	☾ in Widder	Frucht	
22	Fr	☾ in Stier	Wurzel	
23	Sa	☾ in Stier	Wurzel	
24	So	☾ in Stier	Wurzel	
25	Mo	☾ in Zwillinge	Blüte	
26	Di	☾ in Zwillinge ⌒ 03.15 Uhr	Blüte ↑	⌒
27	Mi	☾ in Krebs ☽	Blatt ↑	☽
28	Do	☾ in Krebs AG: 03.50 Uhr	Blatt ↑	
29	Fr	☾ in Krebs	Blatt ↑	
30	Sa	☾ in Löwe	Frucht ↑	
31	So	☾ in Löwe	Frucht ↑	

Persönliche Notizen

Das Höchste, wozu der Mensch gelangen kann, ist das Erstaunen.

(Goethe)

und Beobachtungen

April

Der April ist nicht nur *der* Gemüsemonat schlechthin.
Jetzt können auch alle Kräuter gesät oder gepflanzt werden.
Sic geben jedem Gericht eine eigene Note und besitzen außerdem
auch heilende und aufbauende Wirkstoffe. Dabei stellen die
Muntermacher noch nicht einmal große Ansprüche:
Sie wünschen sich nur eines – einen Platz an der Sonne!

Und auch in den Ziergarten kommt Leben.
Sommer- und Herbststauden gehören jetzt
in den Boden!

Was ich diesen Monat anpacken kann

- Ins vorbereitete, mit Kompost gemischte Gemüsebeet gehören jetzt (als Saatgut): Schalotten, Zwiebeln, Rettiche, Radieschen, Möhren, Zuckererbsen, Sommerendivien, Porree, Tomaten, Gurken, Kürbisse, Zuckermais, Schnittmangold, Sommer-Kopfsalat, Eissalat, Rote Bete, Kohl, Kohlrabi, Brokkoli, Weiß- und Rotkohl.

- Ausgepflanzt werden dürfen jetzt: Kartoffeln, grüner Spargel, Sommerlauch, frühe Kohlsorten, Wirsing, Kohlrabi, Kopfsalat, Blumenkohl, Lauch.

- Wer Gemüse- oder Kräuter auf der Fensterbank oder im Gewächshaus vorgezogen hat, sollte die Pflänzchen nicht von jetzt auf nachher ins Freiland setzen. Gewöhnen Sie sie erst einige Tage durch stetes Lüften an das Außenklima!

- Lust auf Kräuter? Säen Sie jetzt (am besten in Töpfe oder Kästen) die einjährigen Kräuter: Schnittlauch, Petersilie, Kerbel, Dill, Borretsch, Bohnenkraut, Gewürzfenchel, Basilikum (muß warm stehen).

- Und noch mehr Kräuter. Die folgenden sind mehrjährige Pflanzen und dürfen nun gesetzt werden: Thymian, Estragon, Zitronenmelisse, Pfefferminze, Salbei, Lavendel, Oregano, Liebstöckel, Ysop. Tip: Setzen Sie die Kräuter am besten als Wegbepflanzung oder an den Rand der Beete, damit man sie gut erreicht.

- Jetzt kommt Leben in den Ziergarten! Stauden, die im Sommer und im Herbst blühen, lassen sich nun bestens pflanzen. Auch Goldlack, Stiefmütterchen Königskerze, Hyazinthen und Montbretien gehören jetzt in den Boden. Als Saatgut: Kapuzinerkresse, Kornblume, Kosmee, Ringelblume, Wicke, Sonnenblume.

- Den besten Schutz gegen Vögel bietet immer noch die gute alte Vogelscheuche. Wenn Sie keine Lust oder keine Möglichkeit haben, solch eine abschreckende Figur zu bauen oder aufzustellen, dann hängen Sie einfach glänzende Staniolstreifen auf.

- Beerenobst darf nun ebenfalls gepflanzt werden. Vorbeugende Maßnahme gegen Grauschimmelbefall (besonders bei Erdbeeren): das Beet mit Schachtelhalmbrühe übergießen.

- Bald ist die Zeit reif, um überwinterte Balkon- und Kübelpflanzen ins Freie zu bringen. Gewöhnen Sie die Pflanzen aber langsam an den Wechsel: Stellen Sie sie erst in einem wärmeren und helleren Raum auf, öfter als in der Winterruhe gießen.

- Jetzt ist es allerhöchste Zeit, um mit dem Umtopfen abzuschließen!

- Wer Zucchini anbauen will, kann nun (auf der Fensterbank) anzüchten. Faustregel: Vier Zöglinge reichen, um eine vierköpfige Familie zu versorgen!

- Kapuzinerkresse ist nicht nur eine wunderbar buntblühende Rankpflanze. Sät man sie unter Bäumen aus, so bleiben diese frei von Blattläusen, da die lästigen Schädlinge Kapuzinerkresse bevorzugen.

- Auch wenn's weh tut, das erste saftige Grün gleich wieder zu entfernen: Jetzt muß der Rasen gemäht werden! Andernfalls wächst er zu hoch und ist mit einem normalen Rasenmäher nicht mehr zu schneiden. Das abgemähte Material entfernen.

April 1996

1	Mo	☾ in Jungfrau	Wurzel ↑	
2	Di	☾ in Jungfrau	Wurzel ↑	
3	Mi	☾ in Waage	Blüte ↑	
4	Do	☾ in Waage ☊ 05.52 / ○ 00.08 Uhr	Blüte ↑	○ ☊
5	Fr	☾ in Waage	Blüte ↑	
6	Sa	☾ in Skorpion	Blatt ↑	
7	So	☾ in Skorpion	Blatt ↑	
8	Mo	☾ in Schütze	Frucht ↑	

9	Di	☾ in Schütze ◡ 04.30 Uhr	Frucht	◡
10	Mi	☾ in Steinbock ☾	Wurzel	☾
11	Do	☾ in Steinbock PG: 04.20 Uhr	Wurzel ↓	
12	Fr	☾ in Wassermann	Blüte	
13	Sa	☾ in Wassermann	Blüte	
14	So	☾ in Fische	Blatt	
15	Mo	☾ in Fische	Blatt	
16	Di	☾ in Widder	Frucht	
17	Mi	☾ in Widder ☋ 04.00 Uhr	Frucht	☋

BAUERNREGELN:

Warmer Aprilregen ist Gottes Segen.

Blüht im April der Maulbeerbaum,
gibt es Kälte und Frost noch kaum.

Mond-Tip:
Die allerbesten Tage fürs Umsetzen (z.B. ins Freiland) oder Umtopfen sind jene, an denen der Mond in der Jungfrau steht.

18	Do	☾ in Widder ● 00.50 Uhr	Frucht		●
19	Fr	☾ in Stier	Wurzel		
20	Sa	☾ in Stier	Wurzel		
21	So	☾ in Zwillinge	Blüte		
22	Mo	☾ in Zwillinge ⌒ 12.25 Uhr	Blüte	↑	⌒
23	Di	☾ in Krebs	Blatt	↑	
24	Mi	☾ in Krebs AG: 23.20 Uhr	Blatt	↑	
25	Do	☾ in Krebs ☽	Blatt	↑	☽

26	Fr	☾ in Löwe	Frucht	↑	
27	Sa	☾ in Löwe	Frucht	↑	
28	So	☾ in Jungfrau	Wurzel	↑	
29	Mo	☾ in Jungfrau	Wurzel	↑	
30	Di	☾ in Jungfrau	Wurzel	↑	

Persönliche Notizen

„Erdachtes mag zu denken geben, doch nur Erlebtes wird beleben."

(Paul Heyse)

und Beobachtungen

MAI

Jetzt heißt es: Ärmel hochkrempeln! Denn der Wonnemonat ist der wohl arbeitsintensivste Gartenmonat. Aber für die meisten auch der schönste. Mit dem Ende der Frostgefahr (nach den Eisheiligen) kann man sich nämlich sicher sein, daß das, was man nun pflanzt oder sät, auch gewiß bald grünt und blüht. Wichtig ist allerdings, daß es am 1. Mai regnet. Warum? Eine alte Bauernregel verspricht danach reichen Erntesegen!

Was ich diesen Monat anpacken kann

- Im Gemüsebeet müssen die Aussaaten der Vormonate vereinzelt werden.

- Nach den Eisheiligen können die Zöglinge aus dem Gewächshaus oder vom Fensterbrett in den Garten umgepflanzt werden. Dazu gehören: Tomaten, Paprika, Gurken, Zucchini, Kürbis, Auberginen. Auch vorgezogene Kräuter wie Basilikum und Majoran dürfen nach draußen an einen sonnigen Platz gestellt oder gepflanzt werden.

- Nach den Eisheiligen dürfen auch die vorgezogenen Sommerblumen nach draußen verpflanzt werden.

- Der Winterschlaf der überwinterten Knollen und Zwiebeln ist vorbei! Dahlien, Gladiolen, Begonien, Montbretien, Tigerblume und Jakobslilie gehören nun in die Erde.

- Die Pflanzen, die im Winter geblüht haben, sollten nun zurückgeschnitten werden. Ein Tip: Verwelkte Fliederblüten immer wieder ausbrechen. Dadurch verlängert man den duftenden Blütentraum. Das gleiche gilt übrigens auch für Rhododendron.

- Haben Sie Platz für eine Blumenwiese? Jetzt ist die Zeit reif, um die Saat auszubringen. Auch Rasen kann nun neu gesät werden.

- Erdbeeren mit Stroh mulchen. Vertrocknetes Laub entfernen.

- Radieschen und Rettiche werden gerne von Erdflöhen befallen. Dagegen hilft eine Spritzung mit Rainfarntee.

- Möhren schützen Sie gegen Möhrenfliegen mit einem Zwiebelauszug. Blattläuse hassen den Auszug von Brennesseln, Pilze fürchten Schachtelhalmbrühe!

- Mehltaubefallene Rosen retten Sie mit Schachtelhalmbrühe. Sie wirkt auch bei Erdbeeren. Dort allerdings gegen Grauschimmel.

- Im Kräutergarten kann jetzt schon geerntet werden: Oregano, Bohnenkraut, Liebstöckel, Pfefferminze, Zitronenmelisse, Salbei, Estragon und Thymian warten auf ihren Kücheneinsatz.

- Nach den Eisheiligen dürfen Sie die Bepflanzung Ihrer Balkonkästen vornehmen. Wer sich statt Blumen für Kräuter entscheidet, sät nun Dill, Koriander, Estragon, Majoran, Schnittlauch und Petersilie.

- Haben Sie einen Teich angelegt? Die Seerosen freuen sich nun aufs kühle Naß!

- Den Rasen regelmäßig mähen. Tip: Trocknen Sie das abgemähte Material, und verwenden Sie es anschließend als Mulch auf Beeten.

- Noch ein Tip: Zwischen Kartoffeln gesetzte Kapuzinerkresse hält Läuse von der Nutzpflanze ab!

Mai 1996

60

1	☾ in Waage		☊
	☊ 14.44 Uhr		
Mi	Blüte	↑	
2	☾ in Waage		
Do	Blüte	↑	
3	☾ in Skorpion		
Fr	Blatt	↑	
4	☾ in Skorpion		
Sa	Blatt	↑	
5	☾ in Schütze		
So	Frucht	↑	
6	☾ in Schütze		
	PG: 22.35 Uhr		
Mo	Frucht	↓	
7	☾ in Steinbock		⌒
	⌒ 11.25 Uhr		
Di	Wurzel		
8	☾ in Steinbock		
Mi	Wurzel		

9	☾ in Wassermann	
Do	Blüte	
10	☾ in Wassermann	☾
	☾	
Fr	Blüte	
11	☾ in Fische	
Sa	Blatt	
12	☾ in Fische	
So	Blatt	
13	☾ in Fische	
Mo	Blatt	
14	☾ in Widder	☋
	☋ 10.11 Uhr	
Di	Frucht	
15	☾ in Widder	
Mi	Frucht	
16	☾ in Stier	
Do	Wurzel	
17	☾ in Stier	●
	● 12.47 Uhr	
Fr	Wurzel	

BAUERNREGELN:

Die erste Liebe und der Mai
gehn selten ohne Frost vorbei...

Mairegen bringt Segen, da wächst jedes Kind,
da wachsen die Blätter, die Blumen geschwind.

Mond-Tip:

Sind Pflanzen stark von Schädlingen befallen, hilft oft nur ein „Radikalschnitt“. Nehmen Sie diesen am besten an Neumond vor. Die Pflanzen haben dann die größte Chance, sich wieder zu erholen.

18	Sa	☾ in Zwillinge		Blüte		
19	So	☾ in Zwillinge	⌒ 20.35 Uhr	Blüte	↑	⌒
20	Mo	☾ in Zwillinge		Blüte	↑	
21	Di	☾ in Krebs		Blatt	↑	
22	MI	☾ in Krebs	AG: 17.25 Uhr	Blatt	↑	
23	Do	☾ in Löwe		Frucht	↑	
24	Fr	☾ in Löwe		Frucht	↑	
25	Sa	☾ in Löwe	☽	Frucht	↑	☽
26	So	☾ in Jungfrau		Wurzel	↑	
27	Mo	☾ in Jungfrau		Wurzel	↑	
28	Di	☾ in Waage	☊ 22.16 Uhr	Blüte	↑	☊
29	Mi	☾ in Waage		Blüte	↑	
30	Do	☾ in Skorpion		Blatt	↑	
31	Fr	☾ in Skorpion		Blatt	↑	

Persönliche Notizen

Nutze die Talente, die Du hast.
Die Wälder wären still, wenn nur
die begabtesten Vögel sängen.

(HENRY VAN DYKE)

und Beobachtungen

JUNI

Jetzt blüht und duftet es in allen Gärten!
Abends grillt und brutzelt man nun am liebsten nur
noch draußen in dem herrlichen Grün, das man in den letzten
Monaten gehegt und gepflegt hat.
Doch kaum sind Margeriten, Trollblumen und all die anderen
Frühsommerstauden verblüht, heißt es: zurückschneiden! Dann
erleben Sie im Herbst eine zweite, wunderbare Blütenfülle!

Was ich diesen Monat anpacken kann

• Hochwachsende Stauden brauchen nun eine Stütze, denn oft überrascht der Juni mit heftigen Regengüssen. Lose Stauden können davon an den Boden gedrückt werden. Das wäre schade, denn damit wäre die Blütenpracht mit ziemlicher Sicherheit dahin.

• Wenn es im Juni regnet, werden Rosen gerne von Pilzen befallen. Vorbeugende Maßnahme: Eine Spritzung mit Schachtelhalmbrühe. Gegen Ende des Monats freuen sich die Blumenköniginnen über eine weitere Düngergabe.

• Auch die Blumen in Kübeln oder Kästen brauchen eine Nachdüngung.

• Ist der Juni trocken und heiß, das regelmäßige Gießen nicht vergessen. Aber niemals in der Mittagshitze! Besser morgens oder abends.

• Um Erdbeeren vor zuviel Nässe zu schützen, nochmal mit Stroh unterlegen. Bei Tomaten müssen die Seitentriebe entfernt werden. Dann wird der Haupttrieb stärker und kräftiger.

• Und schon wieder: Unkräuter aus den Beeten entfernen.

• An frühlingsblühenden Stauden wie zum Beispiel Rittersporn verwelkte Blütenstände entfernen. Auch verwelkte Rosenblüten abschneiden.

• Wasserschosse und Wildtriebe sind von den Obstbäumen zu entfernen. Dies geschieht am besten von Hand mit dem sogenannten Astring.

• Geduld wird belohnt: Wer mit dem Auspflanzen von Sommerblumen wie Gazania, Strohblume, Knollenbegonie oder Celosie bis jetzt gewartet hat, kann mit einem wunderbaren Wuchs rechnen. Auch empfindlichen Wasser- und Sumpfpflanzen tut es gut, wenn sie erst jetzt – in der Wärme – ausgepflanzt werden.

• Blumenwiesen laufen dem geschniegelten Rasen mehr und mehr den Rang ab. Das ist auch gut so, bilden diese blühenden Landschaften doch einen wunderbaren Lebensraum für Insekten und Kleinlebewesen. Jetzt, im Juni, muß die Wiese allerdings geschnitten werden. „Sensen" Sie aber nicht gleich radikal alles ab. Besser ist, die Wiese stückweise zu mähen, um den Lebensraum zu erhalten.

• Bringen Sie Jungpflanzen (besonders Gemüse) am besten spätnachmittags in die Erde. Über Nacht können die beschädigten Wurzelhärchen nachwachsen.

• Und was gehört nun ins Freiland? Gemüse: Steckrübe, Schnittsalat, Kopfsalat, Eissalat, Winterendivien, Rotkohl, Weißkohl, Melonen, Zucchini, Kohlrabi, Blumenkohl. Kräuter: Fenchel, Bohnenkraut, mal wieder Kresse und Dill.

• Jetzt kann man schon fast alle Kräuter ernten. Beachten Sie aber zwei Regeln: Kräuter sind in den frühen Vormittagsstunden zu pflücken. Dann scheint die Sonne noch nicht mit voller Kraft, jedoch ist der Tau abgetrocknet. Und: Niemals an Regentagen Kräuter sammeln, da sie dann ihr Aroma nicht entfaltet haben!

• Wie bereits im Vormonat gesagt, reichen vier Zucchinipflanzen, um eine vierköpfige Familie zu ernähren. Bei der Pflanzung ist darauf zu achten, daß zwischen den einzelnen Pflanzen mindestens ein Meter Platz ist. Zucchini lieben es, an die feuchteste Stelle im Garten gesetzt zu werden. Gegen eine schattenspendende Nachbarpflanze im Westen haben sie nichts einzuwenden!

Juni 1996

1	Sa	in Skorpion	○ 21.48 Uhr	Blatt	↑
2	So	in Schütze	21.05 Uhr	Frucht	↑
3	Mo	in Schütze	PG: 17.10 Uhr	Frucht	↓
4	Di	in Steinbock		Wurzel	
5	Mi	in Steinbock		Wurzel	
6	Do	in Wassermann		Blüte	
7	Fr	in Wassermann		Blüte	
8	Sa	in Fische	☾	Blatt	
9	So	in Fische		Blatt	
10	Mo	in Widder	☊ 12.37 Uhr	Frucht	
11	Di	in Widder		Frucht	
12	Mi	in Stier		Wurzel	
13	Do	in Stier		Wurzel	
14	Fr	in Stier		Wurzel	
15	Sa	in Zwillinge		Blüte	
16	So	in Zwillinge	● 02.37 / 04.40 Uhr	Blüte	↑
17	Mo	in Krebs		Blatt	↑

BAUERNREGELN:

Wenn kalt und naß der Juni war,
verdirbt er fast das ganze Jahr.

Was im Juni nicht wächst,
gehört in den Ofen!

Besonders reich tragende Erdbeerstauden werden gekennzeichnet. Von diesen Pflanzen nimmt man später Ausläufer zur Vermehrung ab. Man kann so sicher sein, die besten „Mutterpflanzen" zu haben.

18	Di	☾ in Krebs		Blatt	↑	
19	Mi	☾ in Löwe	AG: 07.20 Uhr	Frucht	↑	
20	Do	☾ in Löwe		Frucht	↑	
21	Fr	☾ in Löwe		Frucht	↑	
22	Sa	☾ in Jungfrau		Wurzel	↑	
23	So	☾ in Jungfrau		Wurzel	↑	
24	Mo	☾ in Waage		Blüte	↑	
25	Di	☾ in Waage	☊ 02.26 Uhr	Blüte	↑	☊
26	Mi	☾ in Waage		Blüte	↑	
27	Do	☾ in Krebs		Blatt	↑	
28	Fr	☾ in Krebs		Blatt	↑	
29	Sa	☾ in Schütze		Frucht	↑	
30	So	☾ in Schütze	◡ 08.20 Uhr	Frucht		◡

Persönliche Notizen

Zwischen zu früh und zu spät
liegt immer nur ein
kurzer Augenblick.

(Franz Werfel)

und Beobachtungen

JULI

Mit den immer höher kletternden Sommertemperaturen steigt natürlich auch der Durst unserer Pflanzen. Gießen Sie in den Sommermonaten reichlich – am besten abends, damit der Boden das kühle Naß gut aufnehmen kann.

Und vergessen Sie nicht,
das Grillfleisch mit den selbstgezogenen Kräutern
zu verfeinern...

Was ich diesen Monat anpacken kann

- Ist der Juli Ihr Urlaubsmonat? Und haben Sie keinen „Babysitter" für Ihre Pflanzen? So schützen Sie Ihre Blumen und Nutzpflanzen vor dem Austrocknen: Nässen Sie die Erde ein, und bedecken Sie die Beete dann gut mit Mulch.

- Jetzt werfen die Obstbäume kranke oder überzählige Früchte ab. Sammeln Sie diese gleich auf, denn darin lebende Insektenlarven kriechen in den Boden, um dort zu überwintern. Im nächsten Jahr werden die Bäume dann erneut befallen.

- Im Gewächshaus ist die Zeit nun reif, um Kakteen auszusäen. Apropos Gewächshaus: Lüften Sie es während der Mittagshitze gut, um einen Hitzestau zu vermeiden.

- Auch wenn die Erdbeerzeit vorbei ist in Ihrem Garten: Junge Blätter ergeben in Verbindung mit denen von Himbeere oder Brombeere einen vorzüglichen Tee. Die Stauden sollten nach der Ernte gedüngt, abgetragene Ruten zurückgeschnitten werden.

- Bitte beachten: Jetzt ist es allerhöchste Zeit, um Eissalat, Kohlrabi und Buschbohnen zu säen. Auch späte Radieschen gehören jetzt in die Erde!

- Bis Mitte des Monats werden Wirsing, Grünkohl, Kopfsalat, Blumenkohl, Rosenkohl und Endivien ausgepflanzt.

- Ins Freiland dürfen nun Blumen wie Stiefmütterchen, Primeln, Tausendschön, Mohn, Vergißmeinnicht und Zweijährige gesät werden.

- Brennesseln können eine Plage sein. Jedoch sollten Sie dieser Wildpflanze auch in Ihrem Garten eine Chance geben. Immerhin läßt sich mit ihr eine tolle biologische Düngejauche herstellen. So wird's gemacht: Setzen Sie – je nach Gartengröße – etwa 2 Kilogramm frische Nesseln mit 20 Liter Wasser (am besten Regenwasser) an. Dies sollte in einem Plastikgefäß geschehen, das man (nicht luftdicht) abdecken kann. Nach wenigen Tagen setzt die Gärung ein. Öfters umrühren. Die Jauche ist – je nach Temperatur – nach einer bis vier Wochen fertig. Brennesseljauche ist ein wunderbarer Dünger für alle Blumen wie auch für starkzehrende Gemüse. Das Mischungsverhältnis beträgt etwa 1:20. Die Jauche nur in den Wurzelbereich gießen.

- Teichbesitzer klagen in der heißen Jahreszeit oft über starken Algenbefall. Vorbeugend wirkt ein kleiner Beutel Torf im Teich!

- Kräuter am besten an Skorpiontagen sammeln. Wer zu viele erntet und diese für die Wintermonate haltbar machen möchte, kann sie schonend (also nicht in praller Sonne) trocknen. Am meisten Aroma bleibt allerdings beim Einfrieren erhalten.

- Schneiden und trocknen Sie nun auch an luftiger Stelle die Blumenköpfchen, aus denen Sie Potpourris herstellen möchten.

- Frühlingsblühende Stauden bis kurz über dem Boden zurückschneiden.

- Abgeerntete Obstbäume sollten ausgelichtet werden.

Juli 1996

Tag		Mond	Termin	Pflanzenteil		Mondphase
1	Mo	☾ in Steinbock	○ 04.49 / PG: 23.10 Uhr	Wurzel	↓	○
2	Di	☾ in Steinbock		Wurzel		
3	Mi	☾ in Wassermann		Blüte		
4	Do	☾ in Wassermann		Blüte		
5	Fr	☾ in Fische		Blatt		
6	Sa	☾ in Fische		Blatt		
7	So	☾ in Widder	☊ 13.29 Uhr	Frucht		☊
8	Mo	☾ in Widder		Frucht		
9	Di	☾ in Stier		Wurzel		
10	Mi	☾ in Stier		Wurzel		
11	Do	☾ in Stier		Wurzel		
12	Fr	☾ in Zwillinge		Blüte		
13	Sa	☾ in Zwillinge	◠ 11.45 Uhr	Blüte	↑	◠
14	So	☾ in Krebs		Blatt	↑	
15	Mo	☾ in Krebs	● 17.16 Uhr	Blatt	↑	●
16	Di	☾ in Krebs	AG: 14.15 Uhr	Blatt	↑	
17	Mi	☾ in Löwe		Frucht	↑	

72

BAUERNREGELN:

Im Juli muß vor Hitze braten,
was im September soll geraten.

Ist Ihr Boden zu sauer? Oder zu alkalisch? Achten Sie auf die Pflanzen. Heide, Rhododendren, Kiefern und Azaleen gedeihen auf sauren Böden; Eiben, Klematis und Schneebälle bevorzugen alkalische. Sauren Böden sollte Kalk zugeführt werden, alkalischen regelmäßig üppige Mengen von Kompost oder Laubmulch.

18	☾ in Löwe ♌		
Do	Frucht	↑	
19	☾ in Jungfrau ♍		
Fr	Wurzel	↑	
20	☾ in Jungfrau ♍		
Sa	Wurzel	↑	
21	☾ in Jungfrau ♍		
So	Wurzel	↑	
22	☾ in Waage ♎ ☊ 03.57 Uhr		☊
Mo	Blüte	↑	
23	☾ in Waage ♎ ☽		☽
Di	Blüte	↑	
24	☾ in Skorpion ♏		
Mi	Blatt	↑	
25	☾ in Skorpion ♏		
Do	Blatt	↑	

26	☾ in Schütze ♐		
Fr	Frucht	↑	
27	☾ in Schütze ♐ ◡ 19.35 Uhr		◡
Sa	Frucht		
28	☾ in Steinbock ♑		
So	Wurzel		
29	☾ in Steinbock ♑		
Mo	Wurzel		
30	☾ in Wassermann ♒ PG: 08.20 / ○ 11.36 Uhr		○
Di	Blüte		
31	☾ in Wassermann ♒		
Mi	Blüte		

Persönliche Notizen

»Unkraut nennt man Pflanzen, deren Vorzüge noch nicht erkannt worden sind.«

(EMERSON)

und Beobachtungen

AUGUST

Der Gabentisch der Natur ist nun reichlich gedeckt: Äpfel, Birnen, Pflaumen, Pfirsiche, Kirschen, Bohnen, Zucchini, Gurken, Kartoffeln und vieles mehr wartet jetzt nur darauf, geerntet zu werden. Und so beschäftigt, wie man damit am Tage ist, so sehr laden die Abende zum Ausruhen ein: Die Luft mit ihrem Duft millionenfacher Blüten läßt uns in Gedanken auf Traumreisen in den Süden gehen...

Was ich diesen Monat anpacken kann

- Gießen und immer wieder gießen. Am besten mit der guten alten Gießkanne, da man mit ihr ganz gezielt Wasser zuführen kann.

- Unter Glas kann man nun Chinakohl, Löffelkraut, Winterportulak, Kohlrabi, Blumenkohl, Weißkohl und alle Wintersalatsorten aussäen.

- Wer lieber Jungpflanzen setzt, bringt nun die Setzlinge von Grünkohl, Winterwirsing, Winterweißkohl, Winterlauch und Chinakohl ins Beet. Gut gießen.

- Lieben Sie Knoblauch? Jetzt ist die günstigste Zeit, um ihn zu stecken.

- Wer zweijährige Blumen ausgesät hat, kann diese nun an Ort und Stelle verpflanzen.

- Schneiden Sie nicht alle abgeblühten Stauden zurück. Lassen Sie manche stehen, um Vögeln und Kleintieren damit Nahrung zu bieten.

- Zu hoch gewachsene Himbeerruten kürzen. Mulchen nicht vergessen. Abgeerntete Brombeerruten entfernen. Denn: Nur die neuen Triebe bringen im nächsten Jahr wieder Früchte.

- Die sogenannten wintergrünen Kräuter (Petersilie, Kerbel) können nun ausgesät werden.

- Den Komposthaufen nicht vergessen. Er sollte nun umgesetzt werden.

- Wer die Tomatenernte nicht mehr erwarten kann, sollte die Spitzen der Pflanzen kappen. Das beschleunigt die Reife.

- Abgeerntete Gemüsebeete lockern. Es empfehlen sich Gründüngungen zum Beispiel mit Senf, Hafer oder Erbsen (Aussaat).

- Neugekaufte Pflanzen oder selbst abgenommene Ausläufer von Erdbeeren pflanzen. Regel: 25 cm Abstand zwischen den Setzlingen einhalten.

- Der Gartenteich verliert jetzt durch die Sommerhitze reichlich Wasser. Auffüllen nicht vergessen.

- Laubtragende Hecken stutzen. Die beste Zeit dafür ist die Pflanzzeit.

- Wenn der August feucht und warm ist, schießt der Rasen in die Höhe. Mähen Sie ihn trotzdem nicht zu kurz. Nachfolgende Trockenzeiten könnten ihm schaden. Die Blumenwiese erhält nun ihren zweiten Schnitt.

- An einem kühleren, nicht vollsonnigen Tag können Sie nun bereits die ersten Frühjahrsblüher setzen. Die Zwiebeln sollten etwa dreimal so tief in die Erde gesteckt werden, wie ihr Umfang beträgt.

- Denken Sie jetzt auch schon an Ihren Balkon im nächsten Frühjahr: Aussaat von Stiefmütterchen und anderen Frühblühern.

August 1996

1	Do	☾ in Fische		Blatt		
2	Fr	☾ in Fische		Blatt		
3	Sa	☾ in Widder	☋ 16.36 Uhr	Frucht		☋
4	So	☾ in Widder		Frucht		
5	Mo	☾ in Widder		Frucht		
6	Di	☾ in Stier	☾	Wurzel		☾
7	Mi	☾ in Stier		Wurzel		
8	Do	☾ in Zwillinge		Blüte		
9	Fr	☾ in Zwillinge	⌒ 19.00 Uhr	Blüte	↑	⌒
10	Sa	☾ in Krebs		Blatt	↑	
11	So	☾ in Krebs		Blatt	↑	
12	Mo	☾ in Krebs	AG: 17.10 Uhr	Blatt	↑	
13	Di	☾ in Löwe		Frucht	↑	
14	Mi	☾ in Löwe	● 08.35 Uhr	Frucht	↑	●
15	Do	☾ in Löwe		Frucht	↑	
16	Fr	☾ in Jungfrau		Wurzel	↑	
17	Sa	☾ in Jungfrau		Wurzel	↑	

BAUERNREGELN:

Fängt der August mit Donnern an,
er's bis zum End' nicht lassen kann.

Trockner August ist des Bauern wahre Lust.

Was Großmutter noch wußte:
Pflaumen behalten über längere Zeit ihre wunderschöne blaue Farbe, wenn man sie in einem Korb zwischen frischen Brennessel-blättern aufbewahrt!

18 So	☾ in Waage ♎	☊ 06.47 Uhr	Blüte	↑	☊
19 Mo	☾ in Waage ♎		Blüte	↑	
20 Di	☾ in Skorpion ♏		Blatt	↑	
21 Mi	☾ in Skorpion ♏		Blatt	↑	
22 Do	☾ in Skorpion ♏	☽	Blatt	↑	☽
23 Fr	☾ in Schütze ♐		Frucht	↑	
24 Sa	☾ in Schütze ♐		Frucht		
25 So	☾ in Steinbock ♑	◡ 05.35 Uhr	Wurzel		◡

26 Mo	☾ in Steinbock ♑		Wurzel		
27 Di	☾ in Wassermann ♒	PG: 17.40 Uhr	Blüte	↓	
28 Mi	☾ in Wassermann ♒	○ 18.53 Uhr	Blüte		○
29 Do	☾ in Fische ♓		Blatt		
30 Fr	☾ in Fische ♓	☋ 23.56 Uhr	Blatt		☋
31 Sa	☾ in Widder ♈		Frucht		

Persönliche Notizen

Ein ruhiger Blick, eine stille Konsequenz, in jeder Jahreszeit, in jeder Stunde das Richtige zu tun, wird vielleicht von niemandem mehr als vom Gärtner verlangt.

(GOETHE)

und Beobachtungen

SEPTEMBER

Für viele beginnt nun der schönste Monat des Jahres. Denn im September herrscht nicht mehr die drückende Hochsommerhitze, und dennoch ist es herrlich warm, die Abende sind lau.

Jetzt ist es an der Zeit, das Winterlager fürs Obst und Gemüse vorzubereiten. Vielleicht entscheiden Sie sich dieses Jahr ja für die „altmodische" Miete? Auf der nächsten Seite erfahren Sie, wie dieses „Lager" gebaut wird!

Was ich diesen Monat anpacken kann

• Wer keine oder zu wenige Kellerräume hat, kann dennoch Gemüse über den Winter lagern: in einer sogenannten Miete. So wird's gemacht: Heben Sie an einem geschützten Ort im Garten ein (je nach Gemüseernte bis zu 1,50 m langes) Loch von etwa 30 cm Tiefe aus. Polstern Sie dieses mit einer dicken Schicht Stroh oder Zweigen aus. Darauf schichten Sie nun die Gemüse (Kartoffeln, Rote Bete, Karotten u.a.) bis zu einer Höhe von 1,20 m kegelförmig auf. Darauf verteilen Sie wieder eine dicke Stroh- oder Zweigschicht und schließen die Miete dann mit der ausgehobenen Erde. Zur Belüftung stecken Sie Strohhalme in die Seiten oder in die Spitze der Miete. Tip: Den Haufen immer von Norden nach Süden verlaufen lassen. Bei frostigem Wetter kann man dann auf der Südseite viel leichter ein Loch zur Entnahme des gewünschten Gemüses stechen.

• Säen Sie zu Beginn des Monats Gründünger wie zum Beispiel Senf auf abgeerntete Beete. Damit sorgen Sie im kommenden Jahr für einen gutgedüngten Boden.

• Wer Rosenkohl angebaut hat, sollte die Spitzenknospe ausbrechen. Damit fördert man das Wachstum der köstlichen Röschen.

• Obst, das eingelagert werden soll, darf nicht beschädigt oder gequetscht sein. Deshalb: Vorsichtig ernten. Unsere Großmütter machten sich noch die Mühe, jeden Apfel und jede Birne einzeln in Papier einzuwickeln. Vorteil: Das Obst hält sich so in perfektem Zustand.

• Spätere Obstsorten so lange wie möglich am Baum oder Strauch belassen. Sie erhalten damit ein wunderbares Aroma. Und: Keine Angst vor den ersten Frösten; einen leichten Frost ertragen die späten Obstsorten ganz gut.

• Auch wenn die Nüsse Sie jetzt schon zum Pflücken verführen – haben Sie Geduld. Warten Sie lieber, bis sie von alleine vom Baum fallen. Denn grüne Nüsse faulen leicht!

• Chicorée können Sie jetzt schon teilweise ernten. Setzen Sie die Wurzeln zum Bleichen in Gefäße, und stellen Sie diese in den Keller.

• Denken Sie daran, daß auch warme Tage Nachtfröste bringen können. Deshalb sollten empfindliche Kräuter eingetopft und an einem frostsicheren Ort aufgestellt werden.

• Sobald die nicht winterharten Zwiebel- und Knollengewächse wie zum Beispiel Gladiolen verblüht sind, nehmen Sie diese aus der Erde und bringen sie ins Winterlager.

• Wer neue immergrüne Hecken oder Gehölze anpflanzen möchte, sollte das jetzt tun. Dazu gehören Kiefern, Eiben, Liguster und Buchs.

• Jetzt schon ans nächste Jahr denken: Beeren vermehren Sie durch Steckholz. Das geschieht so: Einen Zweig mit sechs Knospen abschneiden, zwei Drittel davon in die Erde stecken. Geranien oder Fuchsien vermehren Sie ebenfalls durch Stecklinge. Beste Zeit: der abnehmende Mond.

• Für die Frühjahrsernte werden Zwiebeln, Wintererbsen und Mangold gesät. Knoblauch für den nächsten Herbst stecken.

• Für den Frühjahrsblumengarten pflanzen Sie nun Märzenbecher, Narzissen und Schneeglöckchen.

September 1996

Tag	Wochentag	Mond	Ereignis	Pflanzenteil		
1	So	☾ in Widder		Frucht		
2	Mo	☾ in Stier		Wurzel		
3	Di	☾ in Stier		Wurzel		
4	Mi	☾ in Zwillinge	☾	Blüte		☾
5	Do	☾ in Zwillinge		Blüte		
6	Fr	☾ in Zwillinge	◠ 01.55 Uhr	Blüte	↑	◠
7	Sa	☾ in Krebs		Blatt	↑	
8	So	☾ in Krebs		Blatt	↑	

Tag	Wochentag	Mond	Ereignis	Pflanzenteil		
9	Mo	☾ in Löwe	AG: 02.30 Uhr	Frucht	↑	
10	Di	☾ in Löwe		Frucht	↑	
11	Mi	☾ in Löwe		Frucht	↑	
12	Do	☾ in Jungfrau		Wurzel	↑	
13	Fr	☾ in Jungfrau	● 00.08 Uhr	Wurzel	↑	●
14	Sa	☾ in Waage	☊ 10.20 Uhr	Blüte	↑	☊
15	So	☾ in Waage		Blüte	↑	
16	Mo	☾ in Waage		Blüte	↑	
17	Di	☾ in Skorpion		Blatt	↑	

BAUERNREGELN:

Septembergewitter sind Vorboten von Sturm und Regen.

Septemberregen kommt der Saat entgegen.

Hätten Sie's gewußt?

Tee aus Johannisbeerblättern wirkt gegen Gicht, Blasenleiden und Krampfhusten. Bestens bewährt hat sich das Gurgeln mit dem Tee gegen Angina!

18	☾ in Skorpion ♏	
Mi	Blatt ↑	
19	☾ in Schütze ♐	
Do	Frucht	
20	☾ in Schütze ♐	◠ ☽
	◡ 12.25 Uhr / ☽	
Fr	Frucht	
21	☾ in Steinbock ♑	
Sa	Wurzel	
22	☾ in Steinbock ♑	
So	Wurzel	
23	☾ in Wassermann ♒	
Mo	Blüte	
24	☾ in Wassermann ♒	
	PG: 22.35 Uhr	
Di	Blüte ↓	
25	☾ in Fische ♓	
Mi	Blatt	

26	☾ in Fische ♓	
Do	Blatt	
27	☾ in Widder ♈	○ ☊
	○ 03.53 / ☊ 10.01 Uhr	
Fr	Frucht	
28	☾ in Widder ♈	
Sa	Frucht	
29	☾ in Stier ♉	
So	Wurzel	
30	☾ in Stier ♉	
Mo	Wurzel	

Persönliche Notizen

„Der Frühling ist zwar schön; doch wenn der Herbst nicht wär', wär' zwar das Auge satt, der Magen aber leer."

(Logan)

und Beobachtungen

OKTOBER

Langsam verabschiedet sich die Blütenfülle im Ziergarten. Im Gemüsebeet geht es aber immer noch munter weiter: Kartoffeln, Bohnen, Gurken, Paprika, Kürbis, Möhren, Sellerie, Wirsing, Rote Bete und vieles mehr muß nun abgeerntet und für die lange Winterzeit weiterverarbeitet oder gelagert werden. Draußen bleiben müssen noch Grünkohl, Rosenkohl, Lauch, Radicchio und Feldsalat. Ihnen machen „kalte Füße" gar nichts aus ...

Was ich diesen Monat anpacken kann

- Haben Sie im September Stauden gepflanzt, dann sollten Sie diese nun mit abgeschnittenem Reisig gegen Nachtfrost schützen.

- Rosenliebhaber denken jetzt ans Neupflanzen. Die Regel ist: Einen Rosenstock niemals dort pflanzen, wo vorher schon mal einer stand!

- In einen frostfreien Raum gehören nun empfindliche Balkon- und Kübelpflanzen (Geranien, Engelstrompeten, Hibiskus).

- Im beheizbaren Gewächshaus beginnt nun die neue Saison. Vorheizen und Sommerschattierungen auf dem Dach entfernen. Balkon- oder Kübelpflanzen unterstellen.

- Ein Trick, wenn es nachts schon friert: Entfernen Sie die kompletten Tomatenpflanzen aus dem Beet, und hängen Sie sie kopfüber im warmen Keller auf. Dann reifen die Früchte nach.

- Noch nicht abgeerntetes Gemüse mit Folie bedecken und so vor Frost schützen.

- Auch wenn es schon reichlich kalt sein sollte: Bei anhaltender Trockenheit müssen immergrüne Gehölze fleißig gegossen werden.

- Letzter Termin, um nicht winterharte Zwiebel- und Knollengewächse aus dem Boden zu nehmen und an frostfreien Orten zu lagern.

- Von Obstbäumen (Apfel, Birne), Beerensträuchern und Ziergehölzen Steckhölzer schneiden. Bis zur Bewurzelung kann man sie in Sand gut lagern.

- Leere Beete jetzt mit Kompost bedecken.

- Äpfel und Kartoffeln mögen sich nicht als Nachbarn im Winterlager. Sie gehören in verschiedene Räume.

- Steingartenblumen können Ende des Monats ausgesät werden. Auspflanzen dürfen Sie bereits Anfang des Monats: Christrose, Schleierkraut, Margeriten, Glockenblumen, Rittersporn und Zwiebelblumen.

- Denken Sie auch an Ihre gefiederten Gartenbewohner. Reinigen Sie vorhandene Nistkästen, damit die Vögel sie als Winterbehausung nutzen können. Neue Kästen anbringen.

- Ein mittelalterliches Hausbuch rät: Stecke nun Erbsen und Bohnen einen Finger tief in die Erde, und zwar im Abstand einer Handbreit voneinander. Stecke aber nicht alle auf einmal: zuerst einige, danach bei jedem abnehmenden Mond wieder ein paar mehr. Dann bleiben dir, falls welche erfrieren, andere erhalten.

- Asche, bei Regen unter Kohlpflanzen gestreut, vermeidet Raupenbefall!

- Rasen oder Blumenwiesen bekommen einen weiteren Schnitt. Vom Rasen zuvor abgefallene Blätter entfernen und als Laubmulch zum Beispiel unter Gehölzen oder Stauden verteilen.

- Porree sollte angehäufelt werden. Letzte Möglichkeit, den Boden aufzulockern.

- Winterzwiebeln und Knoblauch können jetzt noch gesteckt werden.

Oktober 1996

1	Di	☾ in Stier		Wurzel	
2	Mi	☾ in Zwillinge		Blüte	
3	Do	☾ in Zwillinge	⌒ 09.50 Uhr	Blüte ↑	⌒
4	Fr	☾ in Krebs	☾	Blatt ↑	☾
5	Sa	☾ in Krebs		Blatt ↑	
6	So	☾ in Krebs	AG: 18.30 Uhr	Blatt ↑	
7	Mo	☾ in Löwe		Frucht ↑	
8	Di	☾ in Löwe		Frucht ↑	
9	Mi	☾ in Jungfrau		Wurzel ↑	
10	Do	☾ in Jungfrau		Wurzel ↑	
11	Fr	☾ in Jungfrau	☊ 17.29 Uhr	Wurzel ↑	☊
12	Sa	☾ in Waage	● 15.16 Uhr	Blüte ↑	●
13	So	☾ in Waage		Blüte ↑	
14	Mo	☾ in Skorpion		Blatt ↑	
15	Di	☾ in Skorpion		Blatt ↑	
16	Mi	☾ in Schütze		Frucht ↑	
17	Do	☾ in Schütze	◡ 18.00 Uhr	Frucht	◡

BAUERNREGELN:

Wenn im Oktober die Eiche ihr Laub behält,
folgt ein Winter mit strenger Kält'.

Im Oktober der Nebel viel,
bringt im Winter der Flocken Spiel.

Was Großmutter noch wußte:
Späte Lageräpfel werden in Körben aufbewahrt, die mit gut getrocknetem Stroh ausgelegt sind. Das Stroh nimmt alle Feuchtigkeit auf, die die Früchte abgeben. So reifen sie zu einer schönen Farbe heran und bleiben knackig.

18	Fr	☾ in Steinbock Wurzel	
19	Sa	☾ in Steinbock ☽ Wurzel	☽
20	So	☾ in Wassermann Blüte	
21	Mo	☾ in Wassermann Blüte	
22	Di	☾ in Wassermann PG: 10.00 Uhr Blüte ↓	
23	Mi	☾ in Fische Blatt	
24	Do	☾ in Fische ☋ 19.19 Uhr Blatt	☋
25	Fr	☾ in Widder Frucht	
26	Sa	☾ in Widder ○ 15.12 Uhr Frucht	○
27	So	☾ in Stier Wurzel	
28	Mo	☾ in Stier Wurzel	
29	Di	☾ in Zwillinge Blüte	
30	Mi	☾ in Zwillinge ⌒ 18.55 Uhr Blüte ↑	⌒
31	Do	☾ in Krebs Blatt ↑	

Persönliche Notizen

„In der Natur fühlen wir uns so wohl, weil sie kein Urteil über uns hat."

(Nietzsche)

und Beobachtungen

NOVEMBER

Es kehrt Ruhe ein im Garten. Dafür wird es im Gewächshaus und im Keller immer voller. Denn nicht nur das gelagerte Obst und Gemüse freut sich über die frostsicheren Räume.

Auch Balkon- und Kübelpflanzen gehören jetzt dringend in Sicherheit, damit sie uns im nächsten Jahr wieder mit voller Blütenpracht erfreuen.

Was ich diesen Monat anpacken kann

- Solange der Boden nicht festgefroren ist, können Sie ruhig noch unempfindliche Obstbäume oder Beerensträucher pflanzen. Bereits vorhandene Bäume schützen Sie mit einem Rindenanstrich vor Frostrissen, die Baumscheiben sollten noch einmal gelockert und mit Kompost bestückt werden.

- Grünkohl und Rosenkohl freuen sich, wenn's klirrt vor Kälte. Der erste Frost gibt dem Gemüse nämlich den vollendeten Geschmack! Also: Erst nach dem Frosteinbruch abernten!

- Himbeeren mögen's warm. Deshalb kräftig mulchen.

- Auch Zimmerpflanzen machen eine Art Winterschlaf! Zypergras, Madagaskarpalme, Passiflora, Christusdorn, Zimmerkalla, Asparagus und viele mehr fühlen sich bei etwa 15 Grad am wohlsten. Auf der warmen Fensterbank oder vor der Heizung ist es ihnen in der Regel zu warm und zu trocken!

- Auch Kakteen, diese Wüstengewächse, einige Palmen und Yucca mögen's im Winter lieber kühl. Bei Temperaturen zwischen 5 und 15 Grad überstehen sie die kalte Jahreszeit am besten. Wichtig ist aber, daß der Raum luftig und hell ist. Wer keine Möglichkeit hat, die Pflanzen kühl zu stellen, sollte ihnen in der Wohnung einen möglichst hellen Platz geben und für eine relativ hohe Luftfeuchtigkeit sorgen.

- Rosen anhäufeln und zurückschneiden. Aber bitte nicht zu weit, da der obere Teil der Triebe noch zuückfrieren kann. Bedecken Sie sie mit Reisig oder Stroh. Dies gilt übrigens auch für die meisten Stauden und Gehölze.

- Allerletzte Chance, Blumenzwiebeln einzupflanzen!

- Reisighaufen dienen Igeln als Winterquartier.

- Kräuter wie Rosmarin, Thymian und Estragon ins Haus an einen kühlen Ort stellen.

- Ein Herz für Tiere? In harten, frostreichen Wintern freuen sich die hiergebliebenen Vögel über eine Winterfütterung. Jetzt ein Häuschen aufstellen.

- Obstbäume nun auslichten und verjüngen.

- Vergessen Sie nicht, den Gartenteich von totem Material zu befreien. Nicht winterharte Seerosen in einem frostfreien Raum lagern. Die Blätter vorher abschneiden!

- Überprüfen Sie immer mal wieder das gelagerte Obst und Gemüse. Faulendes sofort entfernen!

November 1995

1 Mi	☾ in Wassermann	Blüte	
2 Do	☾ in Fische	Blatt	
3 Fr	☾ in Fische	Blatt	
4 Sa	☾ in Widder	Frucht	
5 So	☾ in Widder ☋ 22.00 Uhr	Frucht	☋
6 Mo	☾ in Widder	Frucht	
7 Di	☾ in Stier ○ 08.22 Uhr	Wurzel	○
8 Mi	☾ in Stier	Wurzel	

9 Do	☾ in Zwillinge	Blüte	
10 Fr	☾ in Zwillinge ⌒ 13.30 Uhr	Blüte	⌒
11 Sa	☾ in Zwillinge AG: 22.00 Uhr	Blüte	
12 So	☾ in Krebs	Blatt	
13 Mo	☾ in Krebs	Blatt	
14 Di	☾ in Löwe	Frucht	
15 Mi	☾ in Löwe	Frucht	☾
16 Do	☾ in Löwe	Frucht	
17 Fr	☾ in Jungfrau	Wurzel	

BAUERNREGELN:

An St. Martin (11.11.) Sonnenschein,
tritt ein kalter Winter ein.

Novembermorgenrot mit langem Regen droht!

Mond-Tip:

Wer jetzt schon seinen Weihnachtsbaum besorgen möchte, sollte diesen an einem Blütentag fällen!

18 Mo	☾ in Wassermann ☽	Blüte	☽
19 Di	☾ in Fische	Blatt	
20 Mi	☾ in Fische	Blatt	
21 Do	☾ in Widder ☋ 00.30 Uhr	Frucht	☋
22 Fr	☾ in Widder	Frucht	
23 Sa	☾ in Stier	Wurzel	
24 So	☾ in Stier	Wurzel	
25 Mo	☾ in Zwillinge ○ 05.11 Uhr	Blüte	○

26 Di	☾ in Zwillinge	Blüte	
27 Mi	☾ in Zwillinge ⌒ 04.30 Uhr	Blüte ↑	⌒
28 Do	☾ in Krebs	Blatt ↑	
29 Fr	☾ in Krebs	Blatt ↑	
30 Sa	☾ in Löwe	Frucht ↑	

Persönliche Notizen

„Auf einem Berge stehend umfassen wir die Natur wie das Kind, das auf einen Stuhl gestiegen ist, um den Vater desto besser umarmen zu können."

(KARL JULIUS WEBER)

und Beobachtungen

DEZEMBER

Winterzeit. Jetzt wollen die meisten Pflanzen ganz in Ruhe gelassen werden. Nur im Gewächshaus herrscht nach wie vor rege Betriebsamkeit. Und auch die Fensterbank kommt wieder neu zu Ehren. Dort können Sie zur Vitaminversorgung Keimlinge und Sprossen heranziehen. Und holen Sie doch mal einige Äpfel aus dem Keller. In der Weihnachtszeit schmecken Bratäpfel nämlich am allerbesten!

Was ich diesen Monat anpacken kann

- Falls der Dezember schneereich ist, Bäume und Hecken von der schweren Last befreien!

- Jetzt gehören auch die letzten und robustesten Kübelpflanzen ins Haus. Nicht zu warm stellen. Wie im Vormonat erklärt, mögen es die meisten kühl und luftig. Verwelktes Laub sofort entfernen. Mäßig gießen – etwa alle zehn Tage.

- Wer Obstbäume neu gepflanzt hat, sollte diese schützen. Dazu kann man Säcke, aber auch Reisig verwenden.

- Der Winterschnitt der Obstbäume kann beginnen – an frostfreien Tagen.

- Im warmen Gewächshaus geht es immer weiter: Aussaat von Radieschen, Kohlrabi und Salat.

- Und was erntet man jetzt noch? Feldsalat, Spinat, Winterportulak.

- Feldsalat, Spinat und Schnittsalate dürfen jetzt ins Frühbeet gesät werden.

- Die getrockneten Kräuter können gemahlen (das geht auch in einer alten Kaffeemühle ganz gut!) und in Döschen aufbewahrt werden. Wie wäre es mit einem Kräutersortiment für liebe Freunde als Weihnachtsgeschenk? Auch getrocknete Kräuterzweige zwischen Tannenreisig können in der Adventszeit ein schönes Mitbringsel sein!

- Vergessen Sie nicht, immer wieder Kresse (auf Zellstoff oder dünner Erdschicht) auszusäen. Bereits nach wenigen Tagen können Sie den Vitaminspender auf der Fensterbank ernten. Kresse scheckt auf Butterbrot ebensogut wie in Salaten oder in Quark. Und: Kresse regt die Stoffwechseltätigkeit an.

- Nach dem letzten Auflockern der Beete die Gartengeräte reinigen, aus Spritzgefäßen alle Reste entfernen.

Dezember 1996

1	☾ in Löwe ♌	
	AG: 11.15 Uhr	
So	Frucht ↑	
2	☾ in Löwe ♌	
Mo	Frucht ↑	
3	☾ in Jungfrau ♍	☾
	☾	
Di	Wurzel ↑	
4	☾ in Jungfrau ♍	
Mi	Wurzel ↑	
5	☾ in Waage ♎	☊
	☊ 06.18 Uhr	
Do	Blüte ↑	
6	☾ in Waage ♎	
Fr	Blüte ↑	
7	☾ in Waage ♎	
Sa	Blüte ↑	
8	☾ in Skorpion ♏	
So	Blatt ↑	

102

9	☾ in Skorpion ♏	
Mo	Blatt	
10	☾ in Schütze ♐	◡ ●
	◡ 10.15 / ● 17.57 Uhr	
Di	Frucht	
11	☾ in Schütze ♐	
Mi	Frucht	
12	☾ in Steinbock ♑	
Do	Wurzel	
13	☾ in Steinbock ♑	
	PG: 05.15 Uhr	
Fr	Wurzel ↓	
14	☾ in Wassermann ♒	
Sa	Blüte	
15	☾ in Wassermann ♒	
So	Blüte	
16	☾ in Fische ♓	
Mo	Blatt	
17	☾ in Fische ♓	☽
	☽	
Di	Blatt	

BAUERNREGELN:

Friert's am kürzesten Tage,
ist's immer eine Plage.

Ist es grün zur Weihnachtsfeier,
kühlt der Schnee die Ostereier.

Was Großmutter noch wußte:
Der beste Lauch ist der, der um Weihnachten herum ausgegraben wird. Es ist darauf zu achten, daß man nicht zuviel von den Blättern wegschneidet. Denn gerade dort befindet sich das wichtige Vitamin A. In einem Graben läßt sich der Lauch, dicht nebeneinander gesetzt, gut lagern.

18	☾ in Widder ♈	☊
	☊ 01.23 Uhr	
Mi	Frucht	
19	☾ in Widder ♈	
Do	Frucht	
20	☾ in Stier ♉	
Fr	Wurzel	
21	☾ in Stier ♉	
Sa	Wurzel	
22	☾ in Stier ♉	
So	Wurzel	
23	☾ in Zwillinge ♊	
Mo	Blüte	
24	☾ in Zwillinge ♊	⌒ ○
	⌒ 13.30 / ○ 21.42 Uhr	
Di	Blüte ↑	
25	☾ in Krebs ♋	
Mi	Blatt ↑	

26	☾ in Krebs ♋	
Do	Blatt ↑	
27	☾ in Krebs ♋	
Fr	Blatt ↑	
28	☾ in Löwe ♌	
Sa	Frucht ↑	
29	☾ in Löwe ♌	
	AG: 06.00 Uhr	
So	Frucht ↑	
30	☾ in Jungfrau ♍	
Mo	Wurzel ↑	
31	☾ in Jungfrau ♍	
Di	Wurzel ↑	

Wenn ein Mensch zu anderen Himmelskörpern fliegt und dort feststellt, wie schön doch die Natur unserer Erde ist, hat die Weltraumfahrt einen ihrer wichtigsten Zwecke erfüllt.

(Jules Romains)

und Beobachtungen

Persönliche Notizen

Sonnenschein ist köstlich, Regen erfrischt, Wind kräftigt,
Schnee erheitert. Es gibt kein schlechtes Wetter,
es gibt nur verschiedene Arten von gutem.

(John Ruskin)

und Beobachtungen

Persönliche Notizen

Die Bücher vergilben, der Städte gelehrter Glanz verbleicht, aber das Buch der Natur erhält jedes Jahr eine neue Auflage.

(Hans Christian Andersen)

und Beobachtungen

Januar				
1	Mi	♍	Wurzel	
2	Do	♎	Blüte	☾
3	Fr	♎	Blüte	
4	Sa	♏	Blatt	
5	So	♏	Blatt	
6	Mo	♐	Frucht	
7	Di	♐	Frucht	
8	Mi	♑	Wurzel	
9	Do	♑	Wurzel	●
10	Fr	♒	Blüte	
11	Sa	♒	Blüte	
12	So	♓	Blatt	
13	Mo	♓	Blatt	
14	Di	♈	Frucht	
15	Mi	♈	Frucht	☽
16	Do	♈	Frucht	
17	Fr	♉	Wurzel	
18	Sa	♉	Wurzel	
19	So	♊	Blüte	
20	Mo	♊	Blüte	
21	Di	♋	Blatt	
22	Mi	♋	Blatt	
23	Do	♋	Blatt	○
24	Fr	♌	Frucht	
25	Sa	♌	Frucht	
26	So	♍	Wurzel	
27	Mo	♍	Wurzel	
28	Di	♍	Wurzel	
29	Mi	♎	Blüte	
30	Do	♎	Blüte	
31	Fr	♏	Blatt	☾

Februar				
1	Sa	♏	Blatt	
2	So	♏	Blatt	
3	Mo	♐	Frucht	
4	Di	♐	Frucht	
5	Mi	♑	Wurzel	
6	Do	♑	Wurzel	
7	Fr	♒	Blüte	●
8	Sa	♒	Blüte	
9	So	♓	Blatt	
10	Mo	♓	Blatt	
11	Di	♈	Frucht	
12	Mi	♈	Frucht	
13	Do	♉	Wurzel	
14	Fr	♉	Wurzel	☽
15	Sa	♊	Blüte	
16	So	♊	Blüte	
17	Mo	♊	Blüte	
18	Di	♋	Blatt	
19	Mi	♋	Blatt	
20	Do	♌	Frucht	
21	Fr	♌	Frucht	
22	Sa	♌	Frucht	○
23	So	♍	Wurzel	
24	Mo	♍	Wurzel	
25	Di	♎	Blüte	
26	Mi	♎	Blüte	
27	Do	♎	Blüte	
28	Fr	♏	Blatt	

März				
1	Sa	♏	Blatt	
2	So	♐	Frucht	☾
3	Mo	♐	Frucht	
4	Di	♑	Wurzel	
5	Mi	♑	Wurzel	
6	Do	♒	Blüte	
7	Fr	♒	Blüte	
8	Sa	♓	Blatt	
9	So	♓	Blatt	●
10	Mo	♈	Frucht	
11	Di	♈	Frucht	
12	Mi	♉	Wurzel	
13	Do	♉	Wurzel	
14	Fr	♉	Wurzel	
15	Sa	♊	Blüte	
16	So	♊	Blüte	☽
17	Mo	♋	Blatt	
18	Di	♋	Blatt	
19	Mi	♌	Frucht	
20	Do	♌	Frucht	
21	Fr	♌	Frucht	
22	Sa	♍	Wurzel	
23	So	♍	Wurzel	
24	Mo	♎	Blüte	○
25	Di	♎	Blüte	
26	Mi	♎	Blüte	
27	Do	♏	Blatt	
28	Fr	♏	Blatt	
29	Sa	♐	Frucht	
30	So	♐	Frucht	
31	Mo	♐	Frucht	☾

April				
1	Di	♑	Wurzel	
2	Mi	♑	Wurzel	
3	Do	♒	Blüte	
4	Fr	♒	Blüte	
5	Sa	♓	Blatt	
6	So	♓	Blatt	
7	Mo	♈	Frucht	●
8	Di	♈	Frucht	
9	Mi	♉	Wurzel	
10	Do	♉	Wurzel	
11	Fr	♊	Blüte	
12	Sa	♊	Blüte	
13	So	♋	Blatt	
14	Mo	♋	Blatt	☽
15	Di	♋	Blatt	
16	Mi	♌	Frucht	
17	Do	♌	Frucht	
18	Fr	♍	Wurzel	
19	Sa	♍	Wurzel	
20	So	♍	Wurzel	
21	Mo	♎	Blüte	
22	Di	♎	Blüte	○
23	Mi	♏	Blatt	
24	Do	♏	Blatt	
25	Fr	♐	Frucht	
26	Sa	♐	Frucht	
27	So	♐	Frucht	
28	Mo	♑	Wurzel	
29	Di	♑	Wurzel	
30	Mi	♒	Blüte	☾

Mai				
1	Do	♒	Blüte	
2	Fr	♓	Blatt	
3	Sa	♓	Blatt	
4	So	♈	Frucht	
5	Mo	♈	Frucht	
6	Di	♉	Wurzel	●
7	Mi	♉	Wurzel	
8	Do	♊	Blüte	
9	Fr	♊	Blüte	
10	Sa	♊	Blüte	
11	So	♋	Blatt	
12	Mo	♋	Blatt	
13	Di	♌	Frucht	
14	Mi	♌	Frucht	☽
15	Do	♍	Wurzel	
16	Fr	♍	Wurzel	
17	Sa	♍	Wurzel	
18	So	♎	Blüte	
19	Mo	♎	Blüte	
20	Di	♏	Blatt	
21	Mi	♏	Blatt	
22	Do	♏	Blatt	○
23	Fr	♐	Frucht	
24	Sa	♐	Frucht	
25	So	♑	Wurzel	
26	Mo	♑	Wurzel	
27	Di	♒	Blüte	
28	Mi	♒	Blüte	
29	Do	♓	Blatt	☾
30	Fr	♓	Blatt	
31	Sa	♈	Frucht	

Juni				
1	So	♈	Frucht	
2	Mo	♈	Frucht	
3	Di	♉	Wurzel	
4	Mi	♉	Wurzel	
5	Do	♊	Blüte	●
6	Fr	♊	Blüte	
7	Sa	♋	Blatt	
8	So	♋	Blatt	
9	Mo	♌	Frucht	
10	Di	♌	Frucht	
11	Mi	♌	Frucht	
12	Do	♍	Wurzel	
13	Fr	♍	Wurzel	☽
14	Sa	♎	Blüte	
15	So	♎	Blüte	
16	Mo	♎	Blüte	
17	Di	♏	Blatt	
18	Mi	♏	Blatt	
19	Do	♐	Frucht	
20	Fr	♐	Frucht	○
21	Sa	♑	Wurzel	
22	So	♑	Wurzel	
23	Mo	♒	Blüte	
24	Di	♒	Blüte	
25	Mi	♒	Blüte	
26	Do	♓	Blatt	
27	Fr	♓	Blatt	☾
28	Sa	♈	Frucht	
29	So	♈	Frucht	
30	Mo	♉	Wurzel	

Juli

1	Di	♉	Wurzel	
2	Mi	♊	Blüte	
3	Do	♊	Blüte	
4	Fr	♋	Blatt	●
5	Sa	♋	Blatt	
6	So	♋	Blatt	
7	Mo	♌	Frucht	
8	Di	♌	Frucht	
9	Mi	♍	Wurzel	
10	Do	♍	Wurzel	
11	Fr	♍	Wurzel	
12	Sa	♎	Blüte	☽
13	So	♎	Blüte	
14	Mo	♏	Blatt	
15	Di	♏	Blatt	
16	Mi	♏	Blatt	
17	Do	♐	Frucht	
18	Fr	♐	Frucht	
19	Sa	♑	Wurzel	
20	So	♑	Wurzel	○
21	Mo	♒	Blüte	
22	Di	♒	Blüte	
23	Mi	♓	Blatt	
24	Do	♓	Blatt	
25	Fr	♈	Frucht	
26	Sa	♈	Frucht	☾
27	So	♉	Wurzel	
28	Mo	♉	Wurzel	
29	Di	♊	Blüte	
30	Mi	♊	Blüte	
31	Do	♊	Blüte	

August

1	Fr	♋	Blatt	
2	Sa	♋	Blatt	
3	So	♌	Frucht	●
4	Mo	♌	Frucht	
5	Di	♍	Wurzel	
6	Mi	♍	Wurzel	
7	Do	♍	Wurzel	
8	Fr	♎	Blüte	
9	Sa	♎	Blüte	
10	So	♏	Blatt	
11	Mo	♏	Blatt	☽
12	Di	♏	Blatt	
13	Mi	♐	Frucht	
14	Do	♐	Frucht	
15	Fr	♑	Wurzel	
16	Sa	♑	Wurzel	
17	So	♒	Blüte	
18	Mo	♒	Blüte	○
19	Di	♓	Blatt	
20	Mi	♓	Blatt	
21	Do	♈	Frucht	
22	Fr	♈	Frucht	
23	Sa	♉	Wurzel	
24	So	♉	Wurzel	
25	Mo	♊	Blüte	☾
26	Di	♊	Blüte	
27	Mi	♊	Blüte	
28	Do	♋	Blatt	
29	Fr	♋	Blatt	
30	Sa	♌	Frucht	
31	So	♌	Frucht	

September

1	Mo	♌	Frucht	●
2	Di	♍	Wurzel	
3	Mi	♍	Wurzel	
4	Do	♎	Blüte	
5	Fr	♎	Blüte	
6	Sa	♎	Blüte	
7	So	♏	Blatt	
8	Mo	♏	Blatt	
9	Di	♐	Frucht	
10	Mi	♐	Frucht	☽
11	Do	♐	Frucht	
12	Fr	♑	Wurzel	
13	Sa	♑	Wurzel	
14	So	♒	Blüte	
15	Mo	♒	Blüte	
16	Di	♓	Blatt	○
17	Mi	♓	Blatt	
18	Do	♈	Frucht	
19	Fr	♈	Frucht	
20	Sa	♉	Wurzel	
21	So	♉	Wurzel	
22	Mo	♊	Blüte	
23	Di	♊	Blüte	☾
24	Mi	♋	Blatt	
25	Do	♋	Blatt	
26	Fr	♌	Frucht	
27	Sa	♌	Frucht	
28	So	♌	Frucht	
29	Mo	♍	Wurzel	
30	Di	♍	Wurzel	

Oktober				
1	Mi	♎	Blüte	●
2	Do	♎	Blüte	
3	Fr	♎	Blüte	
4	Sa	♏	Blatt	
5	So	♏	Blatt	
6	Mo	♐	Frucht	
7	Di	♐	Frucht	
8	Mi	♐	Frucht	
9	Do	♑	Wurzel	☽
10	Fr	♑	Wurzel	
11	Sa	♒	Blüte	
12	So	♒	Blüte	
13	Mo	♓	Blatt	
14	Di	♓	Blatt	
15	Mi	♈	Frucht	
16	Do	♈	Frucht	○
17	Fr	♉	Wurzel	
18	Sa	♉	Wurzel	
19	So	♊	Blüte	
20	Mo	♊	Blüte	
21	Di	♋	Blatt	
22	Mi	♋	Blatt	
23	Do	♋	Blatt	☾
24	Fr	♌	Frucht	
25	Sa	♌	Frucht	
26	So	♍	Wurzel	
27	Mo	♍	Wurzel	
28	Di	♍	Wurzel	
29	Mi	♎	Blüte	
30	Do	♎	Blüte	
31	Fr	♏	Blatt	●

November				
1	Sa	♏	Blatt	
2	So	♏	Blatt	
3	Mo	♐	Frucht	
4	Di	♐	Frucht	
5	Mi	♑	Wurzel	
6	Do	♑	Wurzel	
7	Fr	♒	Blüte	☽
8	Sa	♒	Blüte	
9	So	♓	Blatt	
10	Mo	♓	Blatt	
11	Di	♓	Blatt	
12	Mi	♈	Frucht	
13	Do	♈	Frucht	
14	Fr	♉	Wurzel	○
15	Sa	♉	Wurzel	
16	So	♊	Blüte	
17	Mo	♊	Blüte	
18	Di	♋	Blatt	
19	Mi	♋	Blatt	
20	Do	♌	Frucht	
21	Fr	♌	Frucht	☾
22	Sa	♌	Frucht	
23	So	♍	Wurzel	
24	Mo	♍	Wurzel	
25	Di	♎	Blüte	
26	Mi	♎	Blüte	
27	Do	♎	Blüte	
28	Fr	♏	Blatt	
29	Sa	♏	Blatt	
30	So	♐	Frucht	●

Dezember				
1	Mo	♐	Frucht	
2	Di	♑	Wurzel	
3	Mi	♑	Wurzel	
4	Do	♒	Blüte	
5	Fr	♒	Blüte	
6	Sa	♒	Blüte	
7	So	♓	Blatt	☽
8	Mo	♓	Blatt	
9	Di	♈	Frucht	
10	Mi	♈	Frucht	
11	Do	♉	Wurzel	
12	Fr	♉	Wurzel	
13	Sa	♊	Blüte	
14	So	♊	Blüte	○
15	Mo	♋	Blatt	
16	Di	♋	Blatt	
17	Mi	♌	Frucht	
18	Do	♌	Frucht	
19	Fr	♌	Frucht	
20	Sa	♍	Wurzel	
21	So	♍	Wurzel	☾
22	Mo	♎	Blüte	
23	Di	♎	Blüte	
24	Mi	♎	Blüte	
25	Do	♏	Blatt	
26	Fr	♏	Blatt	
27	Sa	♐	Frucht	
28	So	♐	Frucht	
29	Mo	♐	Frucht	●
30	Di	♑	Wurzel	
31	Mi	♑	Wurzel	

Januar

1	Do	Blüte	
2	Fr	Blüte	
3	Sa	Blatt	
4	So	Blatt	
5	Mo	Frucht	☽
6	Di	Frucht	
7	Mi	Wurzel	
8	Do	Wurzel	
9	Fr	Blüte	
10	Sa	Blüte	
11	So	Blüte	
12	Mo	Blatt	○
13	Di	Blatt	
14	Mi	Frucht	
15	Do	Frucht	
16	Fr	Wurzel	
17	Sa	Wurzel	
18	So	Wurzel	
19	Mo	Blüte	
20	Di	Blüte	☾
21	Mi	Blatt	
22	Do	Blatt	
23	Fr	Blatt	
24	Sa	Frucht	
25	So	Frucht	
26	Mo	Wurzel	
27	Di	Wurzel	
28	Mi	Blüte	●
29	Do	Blüte	
30	Fr	Blatt	
31	Sa	Blatt	

Februar

1	So	Frucht	
2	Mo	Frucht	
3	Di	Wurzel	☽
4	Mi	Wurzel	
5	Do	Wurzel	
6	Fr	Blüte	
7	Sa	Blüte	
8	So	Blatt	
9	Mo	Blatt	
10	Di	Frucht	
11	Mi	Frucht	○
12	Do	Frucht	
13	Fr	Wurzel	
14	Sa	Wurzel	
15	So	Blüte	
16	Mo	Blüte	
17	Di	Blüte	
18	Mi	Blatt	
19	Do	Blatt	☾
20	Fr	Frucht	
21	Sa	Frucht	
22	So	Wurzel	
23	Mo	Wurzel	
24	Di	Wurzel	
25	Mi	Blüte	
26	Do	Blüte	●
27	Fr	Blatt	
28	Sa	Blatt	

März

1	So	Frucht	
2	Mo	Frucht	
3	Di	Wurzel	
4	Mi	Wurzel	
5	Do	Blüte	☽
6	Fr	Blüte	
7	Sa	Blatt	
8	So	Blatt	
9	Mo	Frucht	
10	Di	Frucht	
11	Mi	Frucht	
12	Do	Wurzel	
13	Fr	Wurzel	○
14	Sa	Blüte	
15	So	Blüte	
16	Mo	Blüte	
17	Di	Blatt	
18	Mi	Blatt	
19	Do	Frucht	
20	Fr	Frucht	
21	Sa	Frucht	☾
22	So	Wurzel	
23	Mo	Wurzel	
24	Di	Blüte	
25	Mi	Blüte	
26	Do	Blatt	
27	Fr	Blatt	
28	Sa	Frucht	●
29	So	Frucht	
30	Mo	Wurzel	
31	Di	Wurzel	

April				
1	Mi	♊	Blüte	
2	Do	♊	Blüte	
3	Fr	♋	Blatt	☽
4	Sa	♋	Blatt	
5	So	♋	Blatt	
6	Mo	♌	Frucht	
7	Di	♌	Frucht	
8	Mi	♍	Wurzel	
9	Do	♍	Wurzel	
10	Fr	♍	Wurzel	
11	Sa	♎	Blüte	○
12	So	♎	Blüte	
13	Mo	♏	Blatt	
14	Di	♏	Blatt	
15	Mi	♏	Blatt	
16	Do	♐	Frucht	
17	Fr	♐	Frucht	
18	Sa	♑	Wurzel	
19	So	♑	Wurzel	☾
20	Mo	♒	Blüte	
21	Di	♒	Blüte	
22	Mi	♒	Blüte	
23	Do	♓	Blatt	
24	Fr	♓	Blatt	
25	Sa	♈	Frucht	
26	So	♈	Frucht	●
27	Mo	♉	Wurzel	
28	Di	♉	Wurzel	
29	Mi	♊	Blüte	
30	Do	♊	Blüte	

Mai				
1	Fr	♋	Blatt	
2	Sa	♋	Blatt	
3	So	♌	Frucht	
4	Mo	♌	Frucht	☽
5	Di	♍	Wurzel	
6	Mi	♍	Wurzel	
7	Do	♍	Wurzel	
8	Fr	♎	Blüte	
9	Sa	♎	Blüte	
10	So	♏	Blatt	
11	Mo	♏	Blatt	○
12	Di	♏	Blatt	
13	Mi	♐	Frucht	
14	Do	♐	Frucht	
15	Fr	♑	Wurzel	
16	Sa	♑	Wurzel	
17	So	♑	Wurzel	
18	Mo	♒	Blüte	
19	Di	♒	Blüte	☾
20	Mi	♓	Blatt	
21	Do	♓	Blatt	
22	Fr	♈	Frucht	
23	Sa	♈	Frucht	
24	So	♉	Wurzel	
25	Mo	♉	Wurzel	●
26	Di	♊	Blüte	
27	Mi	♊	Blüte	
28	Do	♋	Blatt	
29	Fr	♋	Blatt	
30	Sa	♌	Frucht	
31	So	♌	Frucht	

Juni				
1	Mo	♌	Frucht	
2	Di	♍	Wurzel	☽
3	Mi	♍	Wurzel	
4	Do	♎	Blüte	
5	Fr	♎	Blüte	
6	Sa	♎	Blüte	
7	So	♏	Blatt	
8	Mo	♏	Blatt	
9	Di	♐	Frucht	
10	Mi	♐	Frucht	○
11	Do	♐	Frucht	
12	Fr	♑	Wurzel	
13	Sa	♑	Wurzel	
14	So	♒	Blüte	
15	Mo	♒	Blüte	
16	Di	♓	Blatt	
17	Mi	♓	Blatt	☾
18	Do	♈	Frucht	
19	Fr	♈	Frucht	
20	Sa	♉	Wurzel	
21	So	♉	Wurzel	
22	Mo	♊	Blüte	
23	Di	♊	Blüte	
24	Mi	♋	Blatt	●
25	Do	♋	Blatt	
26	Fr	♋	Blatt	
27	Sa	♌	Frucht	
28	So	♌	Frucht	
29	Mo	♍	Wurzel	
30	Di	♍	Wurzel	

Juli				
1	Mi	♎	Blüte	☽
2	Do	♎	Blüte	
3	Fr	♎	Blüte	
4	Sa	♏	Blatt	
5	So	♏	Blatt	
6	Mo	♐	Frucht	
7	Di	♐	Frucht	
8	Mi	♐	Frucht	
9	Do	♑	Wurzel	○
10	Fr	♑	Wurzel	
11	Sa	♒	Blüte	
12	So	♒	Blüte	
13	Mo	♓	Blatt	
14	Di	♓	Blatt	
15	Mi	♈	Frucht	
16	Do	♈	Frucht	☾
17	Fr	♈	Frucht	
18	Sa	♉	Wurzel	
19	So	♉	Wurzel	
20	Mo	♊	Blüte	
21	Di	♊	Blüte	
22	Mi	♋	Blatt	
23	Do	♋	Blatt	●
24	Fr	♌	Frucht	
25	Sa	♌	Frucht	
26	So	♍	Wurzel	
27	Mo	♍	Wurzel	
28	Di	♍	Wurzel	
29	Mi	♎	Blüte	
30	Do	♎	Blüte	
31	Fr	♏	Blatt	☽

August				
1	Sa	♏	Blatt	
2	So	♏	Blatt	
3	Mo	♐	Frucht	
4	Di	♐	Frucht	
5	Mi	♑	Wurzel	
6	Do	♑	Wurzel	
7	Fr	♒	Blüte	
8	Sa	♒	Blüte	○
9	So	♒	Blüte	
10	Mo	♓	Blatt	
11	Di	♓	Blatt	
12	Mi	♈	Frucht	
13	Do	♈	Frucht	
14	Fr	♉	Wurzel	☾
15	Sa	♉	Wurzel	
16	So	♊	Blüte	
17	Mo	♊	Blüte	
18	Di	♋	Blatt	
19	Mi	♋	Blatt	
20	Do	♌	Frucht	
21	Fr	♌	Frucht	
22	Sa	♌	Frucht	●
23	So	♍	Wurzel	
24	Mo	♍	Wurzel	
25	Di	♎	Blüte	
26	Mi	♎	Blüte	
27	Do	♎	Blüte	
28	Fr	♏	Blatt	
29	Sa	♏	Blatt	
30	So	♐	Frucht	☽
31	Mo	♐	Frucht	

September				
1	Di	♐	Frucht	
2	Mi	♑	Wurzel	
3	Do	♑	Wurzel	
4	Fr	♒	Blüte	
5	Sa	♒	Blüte	
6	So	♓	Blatt	○
7	Mo	♓	Blatt	
8	Di	♈	Frucht	
9	Mi	♈	Frucht	
10	Do	♉	Wurzel	
11	Fr	♉	Wurzel	
12	Sa	♊	Blüte	
13	So	♊	Blüte	☾
14	Mo	♋	Blatt	
15	Di	♋	Blatt	
16	Mi	♋	Blatt	
17	Do	♌	Frucht	
18	Fr	♌	Frucht	
19	Sa	♍	Wurzel	
20	So	♍	Wurzel	●
21	Mo	♎	Blüte	
22	Di	♎	Blüte	
23	Mi	♎	Blüte	
24	Do	♏	Blatt	
25	Fr	♏	Blatt	
26	Sa	♐	Frucht	
27	So	♐	Frucht	
28	Mo	♐	Frucht	☽
29	Di	♑	Wurzel	
30	Mi	♑	Wurzel	

Oktober				
1	Do	♒	Blüte	
2	Fr	♒	Blüte	
3	Sa	♓	Blatt	
4	So	♓	Blatt	
5	Mo	♈	Frucht	○
6	Di	♈	Frucht	
7	Mi	♉	Wurzel	
8	Do	♉	Wurzel	
9	Fr	♊	Blüte	
10	Sa	♊	Blüte	
11	So	♊	Blüte	
12	Mo	♋	Blatt	☾
13	Di	♋	Blatt	
14	Mi	♌	Frucht	
15	Do	♌	Frucht	
16	Fr	♍	Wurzel	
17	Sa	♍	Wurzel	
18	So	♍	Wurzel	
19	Mo	♎	Blüte	
20	Di	♎	Blüte	●
21	Mi	♏	Blatt	
22	Do	♏	Blatt	
23	Fr	♏	Blatt	
24	Sa	♐	Frucht	
25	So	♐	Frucht	
26	Mo	♑	Wurzel	
27	Di	♑	Wurzel	
28	Mi	♑	Wurzel	☽
29	Do	♒	Blüte	
30	Fr	♒	Blüte	
31	Sa	♓	Blatt	

November				
1	So	♓	Blatt	○
2	Mo	♈	Frucht	
3	Di	♈	Frucht	
4	Mi	♉	Wurzel	
5	Do	♉	Wurzel	
6	Fr	♊	Blüte	
7	Sa	♊	Blüte	
8	So	♋	Blatt	
9	Mo	♋	Blatt	
10	Di	♌	Frucht	
11	Mi	♌	Frucht	☾
12	Do	♍	Wurzel	
13	Fr	♍	Wurzel	
14	Sa	♍	Wurzel	
15	So	♎	Blüte	
16	Mo	♎	Blüte	
17	Di	♏	Blatt	
18	Mi	♏	Blatt	
19	Do	♏	Blatt	●
20	Fr	♐	Frucht	
21	Sa	♐	Frucht	
22	So	♑	Wurzel	
23	Mo	♑	Wurzel	
24	Di	♑	Wurzel	
25	Mi	♒	Blüte	
26	Do	♒	Blüte	
27	Fr	♓	Blatt	☽
28	Sa	♓	Blatt	
29	So	♈	Frucht	
30	Mo	♈	Frucht	

Dezember				
1	Di	♉	Wurzel	
2	Mi	♉	Wurzel	
3	Do	♊	Blüte	○
4	Fr	♊	Blüte	
5	Sa	♋	Blatt	
6	So	♋	Blatt	
7	Mo	♌	Frucht	
8	Di	♌	Frucht	
9	Mi	♌	Frucht	
10	Do	♍	Wurzel	☾
11	Fr	♍	Wurzel	
12	Sa	♎	Blüte	
13	So	♎	Blüte	
14	Mo	♎	Blüte	
15	Di	♏	Blatt	
16	Mi	♏	Blatt	
17	Do	♐	Frucht	
18	Fr	♐	Frucht	●
19	Sa	♐	Frucht	
20	So	♑	Wurzel	
21	Mo	♑	Wurzel	
22	Di	♒	Blüte	
23	Mi	♒	Blüte	
24	Do	♓	Blatt	
25	Fr	♓	Blatt	
26	Sa	♓	Blatt	☽
27	So	♈	Frucht	
28	Mo	♈	Frucht	
29	Di	♉	Wurzel	
30	Mi	♉	Wurzel	
31	Do	♊	Blüte	

Januar

1	Fr	Blüte	
2	Sa	Blatt	○
3	So	Blatt	
4	Mo	Frucht	
5	Di	Frucht	
6	Mi	Wurzel	
7	Do	Wurzel	
8	Fr	Wurzel	
9	Sa	Blüte	☾
10	So	Blüte	
11	Mo	Blatt	
12	Di	Blatt	
13	Mi	Blatt	
14	Do	Frucht	
15	Fr	Frucht	
16	Sa	Wurzel	
17	So	Wurzel	●
18	Mo	Blüte	
19	Di	Blüte	
20	Mi	Blüte	
21	Do	Blatt	
22	Fr	Blatt	
23	Sa	Frucht	
24	So	Frucht	☽
25	Mo	Wurzel	
26	Di	Wurzel	
27	Mi	Blüte	
28	Do	Blüte	
29	Fr	Blatt	
30	Sa	Blatt	
31	So	Frucht	○

Februar

1	Mo	Frucht	
2	Di	Frucht	
3	Mi	Wurzel	
4	Do	Wurzel	
5	Fr	Blüte	
6	Sa	Blüte	
7	So	Blatt	
8	Mo	Blatt	☾
9	Di	Blatt	
10	Mi	Frucht	
11	Do	Frucht	
12	Fr	Wurzel	
13	Sa	Wurzel	
14	So	Wurzel	
15	Mo	Blüte	
16	Di	Blüte	●
17	Mi	Blatt	
18	Do	Blatt	
19	Fr	Frucht	
20	Sa	Frucht	
21	So	Wurzel	
22	Mo	Wurzel	
23	Di	Blüte	☽
24	Mi	Blüte	
25	Do	Blatt	
26	Fr	Blatt	
27	Sa	Blatt	
28	So	Frucht	

März

1	Mo	Frucht	
2	Di	Wurzel	○
3	Mi	Wurzel	
4	Do	Blüte	
5	Fr	Blüte	
6	Sa	Blüte	
7	So	Blatt	
8	Mo	Blatt	
9	Di	Frucht	
10	Mi	Frucht	☾
11	Do	Frucht	
12	Fr	Wurzel	
13	Sa	Wurzel	
14	So	Blüte	
15	Mo	Blüte	
16	Di	Blatt	
17	Mi	Blatt	●
18	Do	Blatt	
19	Fr	Frucht	
20	Sa	Frucht	
21	So	Wurzel	
22	Mo	Wurzel	
23	Di	Blüte	
24	Mi	Blüte	☽
25	Do	Blatt	
26	Fr	Blatt	
27	Sa	Frucht	
28	So	Frucht	
29	Mo	Wurzel	
30	Di	Wurzel	
31	Mi	Wurzel	○

April				
1	Do	♎	Blüte	
2	Fr	♎	Blüte	
3	Sa	♏	Blatt	
4	So	♏	Blatt	
5	Mo	♏	Blatt	
6	Di	♐	Frucht	
7	Mi	♐	Frucht	
8	Do	♑	Wurzel	
9	Fr	♑	Wurzel	☾
10	Sa	♑	Wurzel	
11	So	♒	Blüte	
12	Mo	♒	Blüte	
13	Di	♓	Blatt	
14	Mi	♓	Blatt	
15	Do	♈	Frucht	
16	Fr	♈	Frucht	●
17	Sa	♉	Wurzel	
18	So	♉	Wurzel	
19	Mo	♊	Blüte	
20	Di	♊	Blüte	
21	Mi	♋	Blatt	
22	Do	♋	Blatt	☽
23	Fr	♌	Frucht	
24	Sa	♌	Frucht	
25	So	♍	Wurzel	
26	Mo	♍	Wurzel	
27	Di	♍	Wurzel	
28	Mi	♎	Blüte	
29	Do	♎	Blüte	
30	Fr	♏	Blatt	○

Mai				
1	Sa	♏	Blatt	
2	So	♏	Blatt	
3	Mo	♐	Frucht	
4	Di	♐	Frucht	
5	Mi	♑	Wurzel	
6	Do	♑	Wurzel	
7	Fr	♑	Wurzel	
8	Sa	♒	Blüte	☾
9	So	♒	Blüte	
10	Mo	♓	Blatt	
11	Di	♓	Blatt	
12	Mi	♈	Frucht	
13	Do	♈	Frucht	
14	Fr	♉	Wurzel	
15	Sa	♉	Wurzel	●
16	So	♊	Blüte	
17	Mo	♊	Blüte	
18	Di	♋	Blatt	
19	Mi	♋	Blatt	
20	Do	♌	Frucht	
21	Fr	♌	Frucht	
22	Sa	♌	Frucht	☽
23	So	♍	Wurzel	
24	Mo	♍	Wurzel	
25	Di	♎	Blüte	
26	Mi	♎	Blüte	
27	Do	♎	Blüte	
28	Fr	♏	Blatt	
29	Sa	♏	Blatt	
30	So	♐	Frucht	○
31	Mo	♐	Frucht	

Juni				
1	Di	♐	Frucht	
2	Mi	♑	Wurzel	
3	Do	♑	Wurzel	
4	Fr	♒	Blüte	
5	Sa	♒	Blüte	
6	So	♓	Blatt	
7	Mo	♓	Blatt	☾
8	Di	♓	Blatt	
9	Mi	♈	Frucht	
10	Do	♈	Frucht	
11	Fr	♉	Wurzel	
12	Sa	♉	Wurzel	
13	So	♊	Blüte	●
14	Mo	♊	Blüte	
15	Di	♋	Blatt	
16	Mi	♋	Blatt	
17	Do	♌	Frucht	
18	Fr	♌	Frucht	
19	Sa	♍	Wurzel	
20	So	♍	Wurzel	☽
21	Mo	♎	Blüte	
22	Di	♎	Blüte	
23	Mi	♎	Blüte	
24	Do	♏	Blatt	
25	Fr	♏	Blatt	
26	Sa	♐	Frucht	
27	So	♐	Frucht	
28	Mo	♐	Frucht	○
29	Di	♑	Wurzel	
30	Mi	♑	Wurzel	

Juli

1	Do	♒	Blüte	
2	Fr	♒	Blüte	
3	Sa	♒	Blüte	
4	So	♓	Blatt	
5	Mo	♓	Blatt	
6	Di	♈	Frucht	☾
7	Mi	♈	Frucht	
8	Do	♉	Wurzel	
9	Fr	♉	Wurzel	
10	Sa	♊	Blüte	
11	So	♊	Blüte	
12	Mo	♋	Blatt	
13	Di	♋	Blatt	●
14	Mi	♌	Frucht	
15	Do	♌	Frucht	
16	Fr	♍	Wurzel	
17	Sa	♍	Wurzel	
18	So	♍	Wurzel	
19	Mo	♎	Blüte	
20	Di	♎	Blüte	☽
21	Mi	♏	Blatt	
22	Do	♏	Blatt	
23	Fr	♏	Blatt	
24	Sa	♐	Frucht	
25	So	♐	Frucht	
26	Mo	♑	Wurzel	
27	Di	♑	Wurzel	
28	Mi	♑	Wurzel	○
29	Do	♒	Blüte	
30	Fr	♒	Blüte	
31	Sa	♓	Blatt	

August

1	So	♓	Blatt	
2	Mo	♈	Frucht	
3	Di	♈	Frucht	
4	Mi	♉	Wurzel	☾
5	Do	♉	Wurzel	
6	Fr	♊	Blüte	
7	Sa	♊	Blüte	
8	So	♊	Blüte	
9	Mo	♋	Blatt	
10	Di	♋	Blatt	
11	Mi	♌	Frucht	●
12	Do	♌	Frucht	
13	Fr	♍	Wurzel	
14	Sa	♍	Wurzel	
15	So	♎	Blüte	
16	Mo	♎	Blüte	
17	Di	♏	Blatt	
18	Mi	♏	Blatt	
19	Do	♏	Blatt	☽
20	Fr	♐	Frucht	
21	Sa	♐	Frucht	
22	So	♑	Wurzel	
23	Mo	♑	Wurzel	
24	Di	♑	Wurzel	
25	Mi	♒	Blüte	
26	Do	♒	Blüte	○
27	Fr	♓	Blatt	
28	Sa	♓	Blatt	
29	So	♈	Frucht	
30	Mo	♈	Frucht	
31	Di	♈	Frucht	

September

1	Mi	♉	Wurzel	
2	Do	♉	Wurzel	☾
3	Fr	♊	Blüte	
4	Sa	♊	Blüte	
5	So	♋	Blatt	
6	Mo	♋	Blatt	
7	Di	♌	Frucht	
8	Mi	♌	Frucht	
9	Do	♍	Wurzel	●
10	Fr	♍	Wurzel	
11	Sa	♎	Blüte	
12	So	♎	Blüte	
13	Mo	♎	Blüte	
14	Di	♏	Blatt	
15	Mi	♏	Blatt	
16	Do	♐	Frucht	
17	Fr	♐	Frucht	☽
18	Sa	♐	Frucht	
19	So	♑	Wurzel	
20	Mo	♑	Wurzel	
21	Di	♒	Blüte	
22	Mi	♒	Blüte	
23	Do	♒	Blüte	
24	Fr	♓	Blatt	
25	Sa	♓	Blatt	○
26	So	♈	Frucht	
27	Mo	♈	Frucht	
28	Di	♉	Wurzel	
29	Mi	♉	Wurzel	
30	Do	♊	Blüte	

Oktober			
1	Fr	Blüte	
2	Sa	Blatt	☾
3	So	Blatt	
4	Mo	Frucht	
5	Di	Frucht	
6	Mi	Wurzel	
7	Do	Wurzel	
8	Fr	Wurzel	
9	Sa	Blüte	●
10	So	Blüte	
11	Mo	Blatt	
12	Di	Blatt	
13	Mi	Blatt	
14	Do	Frucht	
15	Fr	Frucht	
16	Sa	Wurzel	
17	So	Wurzel	☽
18	Mo	Wurzel	
19	Di	Blüte	
20	Mi	Blüte	
21	Do	Blatt	
22	Fr	Blatt	
23	Sa	Frucht	
24	So	Frucht	○
25	Mo	Wurzel	
26	Di	Wurzel	
27	Mi	Blüte	
28	Do	Blüte	
29	Fr	Blatt	
30	Sa	Blatt	
31	So	Frucht	☾

November			
1	Mo	Frucht	
2	Di	Frucht	
3	Mi	Wurzel	
4	Do	Wurzel	
5	Fr	Blüte	
6	Sa	Blüte	
7	So	Blatt	
8	Mo	Blatt	●
9	Di	Blatt	
10	Mi	Frucht	
11	Do	Frucht	
12	Fr	Wurzel	
13	Sa	Wurzel	
14	So	Wurzel	
15	Mo	Blüte	
16	Di	Blüte	☽
17	Mi	Blatt	
18	Do	Blatt	
19	Fr	Blatt	
20	Sa	Frucht	
21	So	Frucht	
22	Mo	Wurzel	
23	Di	Wurzel	○
24	Mi	Blüte	
25	Do	Blüte	
26	Fr	Blatt	
27	Sa	Blatt	
28	So	Frucht	
29	Mo	Frucht	☾
30	Di	Wurzel	

Dezember			
1	Mi	Wurzel	
2	Do	Blüte	
3	Fr	Blüte	
4	Sa	Blüte	
5	So	Blatt	
6	Mo	Blatt	
7	Di	Frucht	●
8	Mi	Frucht	
9	Do	Frucht	
10	Fr	Wurzel	
11	Sa	Wurzel	
12	So	Blüte	
13	Mo	Blüte	
14	Di	Blüte	
15	Mi	Blatt	
16	Do	Blatt	☽
17	Fr	Frucht	
18	Sa	Frucht	
19	So	Wurzel	
20	Mo	Wurzel	
21	Di	Blüte	
22	Mi	Blüte	○
23	Do	Blatt	
24	Fr	Blatt	
25	Sa	Frucht	
26	So	Frucht	
27	Mo	Wurzel	
28	Di	Wurzel	
29	Mi	Wurzel	☾
30	Do	Blüte	
31	Fr	Blüte	

Januar			
1	Sa	Blatt	
2	So	Blatt	
3	Mo	Frucht	
4	Di	Frucht	
5	Mi	Frucht	
6	Do	Wurzel	●
7	Fr	Wurzel	
8	Sa	Blüte	
9	So	Blüte	
10	Mo	Blüte	
11	Di	Blatt	
12	Mi	Blatt	
13	Do	Frucht	
14	Fr	Frucht	☽
15	Sa	Frucht	
16	So	Wurzel	
17	Mo	Wurzel	
18	Di	Blüte	
19	Mi	Blüte	
20	Do	Blatt	
21	Fr	Blatt	○
22	Sa	Frucht	
23	So	Frucht	
24	Mo	Wurzel	
25	Di	Wurzel	
26	Mi	Blüte	
27	Do	Blüte	
28	Fr	Blatt	☾
29	Sa	Blatt	
30	So	Blatt	
31	Mo	Frucht	

Februar			
1	Di	Frucht	
2	Mi	Wurzel	
3	Do	Wurzel	
4	Fr	Wurzel	
5	Sa	Blüte	●
6	So	Blüte	
7	Mo	Blatt	
8	Di	Blatt	
9	Mi	Blatt	
10	Do	Frucht	
11	Fr	Frucht	
12	Sa	Wurzel	☽
13	So	Wurzel	
14	Mo	Blüte	
15	Di	Blüte	
16	Mi	Blatt	
17	Do	Blatt	
18	Fr	Frucht	
19	Sa	Frucht	○
20	So	Wurzel	
21	Mo	Wurzel	
22	Di	Blüte	
23	Mi	Blüte	
24	Do	Blüte	
25	Fr	Blatt	
26	Sa	Blatt	☾
27	So	Frucht	
28	Mo	Frucht	
29	Di	Frucht	

März			
1	Mi	Wurzel	
2	Do	Wurzel	
3	Fr	Blüte	
4	Sa	Blüte	
5	So	Blatt	
6	Mo	Blatt	●
7	Di	Blatt	
8	Mi	Frucht	
9	Do	Frucht	
10	Fr	Wurzel	
11	Sa	Wurzel	
12	So	Blüte	
13	Mo	Blüte	☽
14	Di	Blatt	
15	Mi	Blatt	
16	Do	Frucht	
17	Fr	Frucht	
18	Sa	Frucht	
19	So	Wurzel	
20	Mo	Wurzel	○
21	Di	Blüte	
22	Mi	Blüte	
23	Do	Blatt	
24	Fr	Blatt	
25	Sa	Frucht	
26	So	Frucht	
27	Mo	Frucht	☾
28	Di	Wurzel	
29	Mi	Wurzel	
30	Do	Blüte	
31	Fr	Blüte	

April

1	Sa	♒	Blüte	
2	So	♓	Blatt	
3	Mo	♓	Blatt	
4	Di	♈	Frucht	●
5	Mi	♈	Frucht	
6	Do	♉	Wurzel	
7	Fr	♉	Wurzel	
8	Sa	♊	Blüte	
9	So	♊	Blüte	
10	Mo	♊	Blüte	
11	Di	♋	Blatt	
12	Mi	♋	Blatt	☽
13	Do	♌	Frucht	
14	Fr	♌	Frucht	
15	Sa	♍	Wurzel	
16	So	♍	Wurzel	
17	Mo	♎	Blüte	
18	Di	♎	Blüte	○
19	Mi	♏	Blatt	
20	Do	♏	Blatt	
21	Fr	♏	Blatt	
22	Sa	♐	Frucht	
23	So	♐	Frucht	
24	Mo	♑	Wurzel	
25	Di	♑	Wurzel	
26	Mi	♑	Wurzel	☾
27	Do	♒	Blüte	
28	Fr	♒	Blüte	
29	Sa	♓	Blatt	
30	So	♓	Blatt	

Mai

1	Mo	♓	Blatt	
2	Di	♈	Frucht	
3	Mi	♈	Frucht	
4	Do	♉	Wurzel	●
5	Fr	♉	Wurzel	
6	Sa	♊	Blüte	
7	So	♊	Blüte	
8	Mo	♋	Blatt	
9	Di	♋	Blatt	
10	Mi	♌	Frucht	
11	Do	♌	Frucht	☽
12	Fr	♍	Wurzel	
13	Sa	♍	Wurzel	
14	So	♎	Blüte	
15	Mo	♎	Blüte	
16	Di	♎	Blüte	
17	Mi	♏	Blatt	
18	Do	♏	Blatt	○
19	Fr	♐	Frucht	
20	Sa	♐	Frucht	
21	So	♐	Frucht	
22	Mo	♑	Wurzel	
23	Di	♑	Wurzel	
24	Mi	♒	Blüte	
25	Do	♒	Blüte	
26	Fr	♒	Blüte	
27	Sa	♓	Blatt	☾
28	So	♓	Blatt	
29	Mo	♈	Frucht	
30	Di	♈	Frucht	
31	Mi	♉	Wurzel	

Juni

1	Do	♉	Wurzel	
2	Fr	♊	Blüte	●
3	Sa	♊	Blüte	
4	So	♋	Blatt	
5	Mo	♋	Blatt	
6	Di	♌	Frucht	
7	Mi	♌	Frucht	
8	Do	♍	Wurzel	
9	Fr	♍	Wurzel	☽
10	Sa	♎	Blüte	
11	So	♎	Blüte	
12	Mo	♎	Blüte	
13	Di	♏	Blatt	
14	Mi	♏	Blatt	
15	Do	♐	Frucht	
16	Fr	♐	Frucht	○
17	Sa	♐	Frucht	
18	So	♑	Wurzel	
19	Mo	♑	Wurzel	
20	Di	♒	Blüte	
21	Mi	♒	Blüte	
22	Do	♒	Blüte	
23	Fr	♓	Blatt	
24	Sa	♓	Blatt	
25	So	♈	Frucht	☾
26	Mo	♈	Frucht	
27	Di	♈	Frucht	
28	Mi	♉	Wurzel	
29	Do	♉	Wurzel	
30	Fr	♊	Blüte	

Juli

1	Sa	♊	Blüte	●
2	So	♋	Blatt	
3	Mo	♋	Blatt	
4	Di	♌	Frucht	
5	Mi	♌	Frucht	
6	Do	♍	Wurzel	
7	Fr	♍	Wurzel	
8	Sa	♎	Blüte	
9	So	♎	Blüte	☽
10	Mo	♏	Blatt	
11	Di	♏	Blatt	
12	Mi	♏	Blatt	
13	Do	♐	Frucht	
14	Fr	♐	Frucht	
15	Sa	♑	Wurzel	
16	So	♑	Wurzel	○
17	Mo	♑	Wurzel	
18	Di	♒	Blüte	
19	Mi	♒	Blüte	
20	Do	♓	Blatt	
21	Fr	♓	Blatt	
22	Sa	♓	Blatt	
23	So	♈	Frucht	
24	Mo	♈	Frucht	
25	Di	♉	Wurzel	☾
26	Mi	♉	Wurzel	
27	Do	♊	Blüte	
28	Fr	♊	Blüte	
29	Sa	♋	Blatt	
30	So	♋	Blatt	
31	Mo	♌	Frucht	●

August

1	Di	♌	Frucht	
2	Mi	♍	Wurzel	
3	Do	♍	Wurzel	
4	Fr	♎	Blüte	
5	Sa	♎	Blüte	
6	So	♏	Blatt	
7	Mo	♏	Blatt	
8	Di	♏	Blatt	☽
9	Mi	♐	Frucht	
10	Do	♐	Frucht	
11	Fr	♑	Wurzel	
12	Sa	♑	Wurzel	
13	So	♑	Wurzel	
14	Mo	♒	Blüte	
15	Di	♒	Blüte	○
16	Mi	♓	Blatt	
17	Do	♓	Blatt	
18	Fr	♓	Blatt	
19	Sa	♈	Frucht	
20	So	♈	Frucht	
21	Mo	♉	Wurzel	
22	Di	♉	Wurzel	
23	Mi	♊	Blüte	☾
24	Do	♊	Blüte	
25	Fr	♋	Blatt	
26	Sa	♋	Blatt	
27	So	♌	Frucht	
28	Mo	♌	Frucht	
29	Di	♍	Wurzel	●
30	Mi	♍	Wurzel	
31	Do	♍	Wurzel	

September

1	Fr	♎	Blüte	
2	Sa	♎	Blüte	
3	So	♏	Blatt	
4	Mo	♏	Blatt	
5	Di	♐	Frucht	
6	Mi	♐	Frucht	☽
7	Do	♐	Frucht	
8	Fr	♑	Wurzel	
9	Sa	♑	Wurzel	
10	So	♒	Blüte	
11	Mo	♒	Blüte	
12	Di	♒	Blüte	
13	Mi	♓	Blatt	○
14	Do	♓	Blatt	
15	Fr	♈	Frucht	
16	Sa	♈	Frucht	
17	So	♉	Wurzel	
18	Mo	♉	Wurzel	
19	Di	♉	Wurzel	
20	Mi	♊	Blüte	
21	Do	♊	Blüte	☾
22	Fr	♋	Blatt	
23	Sa	♋	Blatt	
24	So	♌	Frucht	
25	Mo	♌	Frucht	
26	Di	♍	Wurzel	
27	Mi	♍	Wurzel	●
28	Do	♎	Blüte	
29	Fr	♎	Blüte	
30	Sa	♏	Blatt	

Oktober

1	So	Blatt	
2	Mo	Frucht	
3	Di	Frucht	
4	Mi	Frucht	
5	Do	Wurzel	☽
6	Fr	Wurzel	
7	Sa	Blüte	
8	So	Blüte	
9	Mo	Blüte	
10	Di	Blatt	
11	Mi	Blatt	
12	Do	Frucht	
13	Fr	Frucht	○
14	Sa	Frucht	
15	So	Wurzel	
16	Mo	Wurzel	
17	Di	Blüte	
18	Mi	Blüte	
19	Do	Blatt	
20	Fr	Blatt	☾
21	Sa	Frucht	
22	So	Frucht	
23	Mo	Wurzel	
24	Di	Wurzel	
25	Mi	Blüte	
26	Do	Blüte	
27	Fr	Blüte	●
28	Sa	Blatt	
29	So	Blatt	
30	Mo	Frucht	
31	Di	Frucht	

November

1	Mi	Wurzel	
2	Do	Wurzel	
3	Fr	Wurzel	
4	Sa	Blüte	☽
5	So	Blüte	
6	Mo	Blatt	
7	Di	Blatt	
8	Mi	Blatt	
9	Do	Frucht	
10	Fr	Frucht	
11	Sa	Wurzel	○
12	So	Wurzel	
13	Mo	Blüte	
14	Di	Blüte	
15	Mi	Blatt	
16	Do	Blatt	
17	Fr	Frucht	
18	Sa	Frucht	
19	So	Wurzel	☾
20	Mo	Wurzel	
21	Di	Wurzel	
22	Mi	Blüte	
23	Do	Blüte	
24	Fr	Blatt	
25	Sa	Blatt	●
26	So	Frucht	
27	Mo	Frucht	
28	Di	Frucht	
29	Mi	Wurzel	
30	Do	Wurzel	

Dezember

1	Fr	Blüte	
2	Sa	Blüte	
3	So	Blüte	☽
4	Mo	Blatt	
5	Di	Blatt	
6	Mi	Frucht	
7	Do	Frucht	
8	Fr	Wurzel	
9	Sa	Wurzel	
10	So	Wurzel	
11	Mo	Blüte	○
12	Di	Blüte	
13	Mi	Blatt	
14	Do	Blatt	
15	Fr	Frucht	
16	Sa	Frucht	
17	So	Wurzel	
18	Mo	Wurzel	☾
19	Di	Blüte	
20	Mi	Blüte	
21	Do	Blatt	
22	Fr	Blatt	
23	Sa	Frucht	
24	So	Frucht	
25	Mo	Frucht	●
26	Di	Wurzel	
27	Mi	Wurzel	
28	Do	Blüte	
29	Fr	Blüte	
30	Sa	Blüte	
31	So	Blatt	

Symbole und Abkürzungen

- ♈ Widder
- ♉ Stier
- ♊ Zwillinge
- ♋ Krebs
- ♌ Löwe
- ♍ Jungfrau
- ♎ Waage
- ♏ Skorpion
- ♐ Schütze
- ♑ Steinbock
- ♒ Wassermann
- ♓ Fische

- ● Neumond
- ☽ Zunehmender Mond
- ○ Vollmond
- ☾ Abnehmender Mond
- ⌒ Mond-Höchststellung – ↑ Mond wird absteigend, günstige Pflanzzeit
- ◡ Mond-Tiefststellung – ↑ Mond wird aufsteigend, ungünstige Pflanzzeit, günstige Erntezeit
- ☊ Aufsteigender Knoten – negative Wirkung
- ☋ Absteigender Knoten – negative Wirkung
- PG Perigäum – Erdnähe, ungünstig
- AG Apogäum – Erdferne, neutral

Bildnachweis

Alle Aquarellzeichnungen von Irmtrud Stier, Oberkirch/Baden.
Umschlagfotos: IFA-Bilderteam (groß), Riedmiller (klein)
IFA-Bilderteam/Tschanz: 6, 22
IFA-Bilderteam/Nägele: 32
Mein schöner Garten/Krieg: 27
Mein schöner Garten/Nordheim: 13
Prisma-Fotoservice/Feuz: 29, 30, 31 (beide)
Reinhard: 15, 18
Schrempp: 9 oben rechts
Tony Stone/Peter Correz: 25
Tschakert: 17
Wetterwald: 9 unten rechts
Willemse: 9 oben links
Zeltner: 9 unten links

Danksagungen

Ein herzliches Dankeschön richte ich an meine Freundin Luzia Ganter, die mir nicht nur viele Gartenfachbücher, sondern auch ihr Fachwissen zur Verfügung stellte.

Impressum

Autorin: Claudia Graf
Redaktionsleitung: Halina Heitz
Redaktion: Kirsten Spieldiener, München
Buchgestaltung: Martin Strohkendl, München
Umschlaggestaltung: Martina Eisele, München

Der Mosaik Verlag ist ein Unternehmen der Verlagsgruppe Bertelsmann

Reproduktionen: Arti Litho, Trento
Satz: All-Star-Type Hilse, München
Druck und Bindung: Mohndruck Graphische Betriebe GmbH, Gütersloh
Printed in Germany

ISBN 3-576-10457-0